· 智慧供应链创新管理系列 ·

供应商管理与运营实战

柳荣 沙静◎著

SUPPLIER MANAGEMENT AND
OPERATION PRACTICE

人民邮电出版社

北 京

图书在版编目（CIP）数据

供应商管理与运营实战 / 柳荣，沙静著. -- 北京：
人民邮电出版社，2021.10
（智慧供应链创新管理系列）
ISBN 978-7-115-57156-4

Ⅰ.①供… Ⅱ.①柳… ②沙… Ⅲ.①企业管理－供
销管理 Ⅳ.①F274

中国版本图书馆CIP数据核字(2021)第167812号

内 容 提 要

很多企业都缺少系统的供应商管理，在采购工作中，还存在供应商开发靠运气、供应商选择靠感觉、供应商关系管理靠觉悟、供应商风险管理靠侥幸的情况。这样的供应商管理对企业的利益和整个供应链的发展极为不利。

供应商管理，是采购工作中的重中之重，也是供应链运营中不可或缺的关键环节。本书基于 OTEP 模型四个采购维度与供应链战略原色，涉及供应商开发、筛选、评估，绩效、关系与风险管理的全生命周期。本书讲述了 VUCA 环境下的供应商管理趋势、供应商开发与评估、供应商绩效管理、供应商关系管理、供应商风险管理等重要内容。书中以图文结合的形式，配以丰富的案例，详细讲述了供应商管理环节中的思维、策略、方法，适合采购从业者、供应链运营者、企业管理者学习和使用。

◆ 著　　　　柳 荣 沙 静
　　责任编辑 李士振
　　责任印制 彭志环

◆ 人民邮电出版社出版发行　　北京市丰台区成寿寺路 11 号
　邮编　100164　电子邮件　315@ptpress.com.cn
　网址　https://www.ptpress.com.cn
　　北京七彩京通数码快印有限公司印刷

◆ 开本：720×960　1/16
　印张：14.75　　　　　　　　　　2021 年 10 月第 1 版
　字数：268 千字　　　　　　　　2025 年 4 月北京第 10 次印刷

定价：69.80 元

读者服务热线：(010)81055296　印装质量热线：(010)81055316
反盗版热线：(010)81055315

前言

在采购与供应链专家会（Purchase & Supply Chain Committee，PSCC）的专家服务过的众多企业中，不乏营业额上百亿元甚至千亿元的企业，但大多数企业仍然没有系统性的供应商管理体系，在其采购工作中，供应商开发靠运气、供应商选择靠感觉、供应商关系管理靠觉悟、供应商风险管理靠侥幸的现象层出不穷；有些企业的采购工作完全依靠员工个人摸爬滚打后领悟，但当人员更换时，供应商管理的要求也随之变化，一切都得重来，供应商也因此陷入迷茫。

供应商管理体系的缺失，已经成为很多企业获利和供应链发展的重大阻碍。

本书基于 OTEP 模型四个采购维度与供应链战略原色，系统地对供应商管理的全生命周期进行分析，涉及供应商开发、筛选、评估，绩效、关系与风险管理等诸多内容。

提及供应商管理，很多企业内部都认为是采购部门的事情，这样的认知对企业的发展有百害而无一利。在供应商和企业之间产生的各个触点，如研发环节、采购环节、生产环节、仓储物流环节等，都需要供应商管理，而这是通过跨团队协作才能完成的事情。

与此同时，从全球发展的需求来看，随着供应链的发展和融合，企业和供应商之间的关系更为紧密，市场竞争纵深不断延展，无论是行业间还是行业内，各企业的竞争力差异日益明显，企业与企业间的竞争已经演变为供应链与供应链之间的竞争。

本书从差异化的供应链竞争战略出发，在确定供应商管理的顶层架构后，通过丰富的实践总结出供应商管理端到端的全生命周期体系化流程，并辅以大量实践案例、图表等帮助理解和应用，进一步帮助企业脱离缺乏系统和专业供应商管理的困境，提升采购人员的专业素质，改变采购、创新供应链，从而提升企业的竞争力，为我国经济的建设添砖加瓦。

在供应链竞争环境下，企业应将供应商，甚至供应商的供应商纳入供应链管理的范畴，通过专业协同、紧密合作来确保供应链的竞争优势，变靠觉悟的感性管理为靠系统的理性管理，借助战略架构、资源投入和流程机制使供应商管理成为企业竞争力的有效延伸。企业和供应商共同把市场蛋糕做大，不仅企业可以实现自身利益，供应商也能随之提升效率和专业能力，从而达到双赢的目的。这是市场对供应商管理的更高要求，更是企业竞争力的体现和战略点，众多企业需要系统地改进供应商管理的落地方法。

PSCC汇聚了国内外诸多采购与供应链专家，成立的宗旨就是"改变采购、创新供应链"。因此，笔者结合PSCC专家的实践经验、国内外先进行业经验和理论成果编著了本书。

笔者在撰写本书的过程中，得到了PSCC的庞建云、蒋鹏勋、黄锋霖、唐重喜、杨小林、张敏、耿丹丹、武建军、周成钢、陈胜利、宋文利、蔺金强、赵卿平、刘春华、唐曼丽、谈瑜娟、王蓉、梁泽勇等专家老师的大力支持与帮助，在此表示感谢。

书中如有疏漏之处，恳请广大读者批评指正。

编　者

2021 年 9 月

目录

第 1 章
VUCA 环境下的供应商管理趋势

　　近年来，VUCA 成为商业界的常用词汇。每当人们提及贸易摩擦、股价波动等现象时，常常会用 VUCA 来形容。所谓 VUCA，即易变性（Volatility）、不确定性（Uncertainty）、复杂性（Complexity）和模糊性（Ambiguity）。

1.1 采购的外部环境变化及挑战

VUCA 由 4 个词汇构成，即易变性（Volatility）、不确定性（Uncertainty）、复杂性（Complexity）和模糊性（Ambiguity）。

（1）V = Volatility（易变性），它是变化的本质和动力，也是由变化驱使和催化产生的。

（2）U = Uncertainty（不确定性），它导致我们难以预见未来，缺乏对意外的预期及对事情的理解和意识。

（3）C = Complexity（复杂性），指企业运营受到各种力量、因素、事务的影响。

（4）A = Ambiguity（模糊性），现实的模糊性是误解产生的根源，各种条件和因果关系的混杂又加大了这种模糊性。

随着近年来的环境变化，VUCA 形势愈演愈烈，处于这个大环境之下，采购与供应链也面临各式各样的挑战，而这复杂条件中的各类元素，也都驱使社会和组织不断增强预见性和洞察力，并增强组织和个人的行动力。

在 VUCA 环境下，伴随着数字化时代的到来，个体价值飞速提升。一方面客户需求向个性化、求新、求变发展，另一方面更多的个性化需求被创造、被引领。

与此同时，跨界融合开始快速发展并扩展到各个领域，行业边界、企业边界开始模糊，企业也很难清楚地界定谁会是自己的竞争对手。

出租车行业没想到会被横空出世的互联网打车抢走市场；互联网巨头纷纷开始试水农业布局；传统汽车行业同样没想到特斯拉会重新定义新能源车，并迅速侵蚀老牌汽车品牌的多年积累。

在变化成为常态、突发事件层出不穷的当下，改变自己、快速适应变化的重要性已经超过预测的重要性。事实上，企业想要基于过去准确预测未来已经成为一种奢望，正如彼得·德鲁克所说："动荡的时代最大的危险不是动荡本身，而是仍然用过去的逻辑做事。"

1.1.1　采购的外部环境变化

现代管理理论对组织的研究，已经从工业经济时代的金字塔型组织发展到信息化时代的学习型组织，但在数字化革命中，随着 VUCA 时代的到来，传统的组织结构、组织理论已经不能帮助企业更好地适应变化，更不用说驾驭不确定性。

怎样在变化中激发组织和个体创造全新的价值，持续应对挑战并焕发新的活力呢？陈春花教授和她的研究团队提出了"共生型组织"的概念。共生型组织摒弃了组织间的原始竞争逻辑，通过合作共享建立起互为主体、灵活高效、整体合一的系统，以实现系统中任何单一主体都无法实现的高水平发展。

纵观近年来的商业发展，越来越多的企业用自己的成功经历验证了在当今时代保持开放合作的心态以及与合作伙伴共生的重要性。只有如此，企业才能为客户持续创造价值，并借此获得商业成功。

腾讯认为"合作是一种能力，而不是简单的用户流量"，因此其坚持打造开放生态，让外部竞争者成为合作伙伴，通过开放用户关系链，与合作伙伴共享平台资源。

在雷军和董明珠进行"一元豪赌"的那一年，没人想到小米生态会发展到如此地步，并创造如此巨大的市值。从手机系统起家的小米，已经将小米手机、小米家居等众多产品送入了千家万户，这是因为小米秉持"不控股""单品精准推送"的经营逻辑，通过"共生"和"设备互联"打造出具有强黏性的"竹林共生"的生态逻辑，与其他生态企业在共生中协同发展，共同面对未来。

沃尔玛和京东合作，阿里巴巴和苏宁合作，拼多多与国美合作，这些都是共生型组织优势互补、流量与供应链协同打造极致客户体验的合作案例。

在组织间共生发展的同时，回到底层的供应链环节，我们同样可以看到：组织发展的共生战略导向必将成为供应链战略趋势，以及一系列采购战略和各项具体策略的制定原则与方向。

这不仅因为共生型组织带来了优势互补，更因为它是当今全球供应链宏观环境下的必然选择。

眼下，全球的自然环境、政治环境、经济环境，都处在极度不确定的变化中，仅在2020年，美股多次熔断、石油价格一再探底……众多突发事件，使得很多企业生存难以为继，但同样有很多企业突破惯性，从缝隙中寻找机会。

而在各种突发事件中，首当其冲的就是供应链的有序运转。在全球商业生态中，蝴蝶翅膀的一次扑闪也可能让远方产生震动，当供应链节点营业中断、供应链运转连续受到冲击，能尽快恢复正常运营的组织便能抢占市场的有利位置。

保持供应链的持续性、稳定性，避免和降低供应风险，同时又要在竞争中保持优势，有效支撑企业可持续发展，并妥善应对不确定性，针对外部变化迅速做出反馈及内部调整……这些都成了摆在每个采购供应链人面前的重要课题和挑战。

1.1.2　采购面临的挑战

VUCA环境下，挑战无处不在，采购供应链人身处其中，不断感受变化、接受挑战。但在困境中，我们也看到逆势而上的公司，从默默无闻走到万众瞩目的舞台中间，开始走新的传奇之路。

腾讯、阿里巴巴、京东、小米这样的大企业，都在大胆地开展跨界合作，与更多的组织、更多的企业优势互补，通过创新和融合深度挖掘客户价值。

在通过创新和融合深度挖掘客户价值的过程中，企业在改变，组织在改变，供应链也在创新和融合中被颠覆和重构。以苹果和特斯拉为代表的产品创新，以小米为代表的营销创新，以IBM为代表的认知技术创新，以及在通信技术、大数据技术等基础能力上的应用创新，几乎颠覆了企业的供应链架构。

我们可以从中石化的一系列操作中管中窥豹，感受融合带来的改变。

在2020年，中石化凭借得天独厚的优势，迅速出击。根据中石化披露的数据：中石化拥有30 668座自营加油站，而旗下的易捷便利店守着我国最大的成品油零售连锁终端，27 362家门店遍布全国。这也意味着，中石化的生鲜电商有超过27 000个前置仓，实力不容小觑。

而且，中石化加油站的特殊场景，使得其与其他的生鲜电商品牌形成错位。在加油站的消费场景中，所有进站的人都是潜在客户，中石化将"加油站＋个人消费"的模式发挥得淋漓尽致。

中石化由此一举打入生鲜领域。App线上下单、加油站提货，伴以极速配送模式，在完整的流程下，中石化的生鲜电商雏形初现。

事实上，中石化的跨界脚步从未停歇。中石化投入高达15亿元，用于改造加油站，旨在将其改为集加油、中途休息、餐饮、购物及汽车维修于一体的综合性服务场所，让加油站不只是加油站。2008年，中石化正式成立非油业务处，推出易捷便利店品牌。

易捷便利店是中石化跨界之路的第一块基石，实力不容小觑：27 000多家便利店，意味着超越常规的庞大营销网络，更何况还有加油站的独特消费场景加持，其与各个行业形成错位。

或许正是基于这些优势，中石化的跨界之路才能花样百出。无论是卖菜，还是卖咖啡，都是"加油站＋个人消费"模式的拓展。更为重要的是，无论中石化跨界的步子迈到哪里，都能激起一股行业巨浪。

研究和思考这些企业的历程，能够给采购供应链人带来很多思考，也能够让采购供应链人明晰方向，从供应链的视角、采购的视角思考怎样应对变化、迎接挑战的问题。

（1）客户需求思维。企业价值、组织价值都要紧紧围绕客户价值，因为只有能够持续满足客户需求、持续挖掘客户价值并且创造客户价值的企业和组织才能更好地应对变化和挑战，适应并驾驭不确定性，维持企业和组织长期的生存和发展。采购供应链人也要调整思维模式，以客户价值和客户需求的视角解读企业战略，并形成供应链战略和采购战略，再分解为一系列的战略，从而有效地达成战略目标。

（2）共生逻辑。为了应对变化，组织要从竞争逻辑转变为共生逻辑，这样才能更加高效地使用和分配资源，获得最高的组织效率。供应链作为连接企业内外、上下资源的价值链，既要承接组织运营的重要职能，也要在变化中思考自己的运营逻辑和架构逻辑，思考在获取外部资源、利用外部资源的过程中，以什么样的模式合作和运营才能保持优势、持续发展。

（3）供应商资源整合。作为供应链的重要环节，采购的本质就是对外获取资源，帮助企业构建优势。采购面对的最大外部资源就是供应商资源，供应商资源已成为供应链保持持续性、稳定性，体现优势的重要影响因素，因而整合并用好供应商资源以提高企业供应链优势，就成了采购体现价值的重要衡量标准。

1.2 采购及供应链发展趋势

《吕氏春秋·察今》有云："世易时移，变法宜矣。"在 VUCA 大背景下，采购和供应链也应顺势而有为、领势则起飞。数字化时代，新技术革命比以往任何一个时代都更加深远地影响着人们的生活，在改变消费观念的同时带来更加便捷、易用、人性化的体验，让消费者从未像现在这样被关注、被在乎、被尊重——这就是趋势。采购供应链只要顺应这个趋势也能"有为"，且大有可为。

1.2.1 在线供应链

人类的本性是追求更方便、更省心，也就是朝追求自动化和智能化方向发展，而大数据的应用和智能化、5G 时代真正能够实现的万物互联让这一本性的需求得以深度满足。这种需求给 O2O（Online to Offline，线上到线下）供应链规划了更大的发展空间。

比如被重视并发展起来的在线医疗诊断服务，提供在线选择医生、预约诊断、药物采购及配送一站式在线服务；餐饮市场则出现了各种成品、方便半成品，甚至提供库存原材料的外卖派送服务。随着信息化、数据化的持续纵深发展，物流供应链的持续完善，消费服务型供应链的在线水平将会继续提升。

对一些非服务类的实体制造供应链来说，在线供应链则体现为采购及供应链实行事务自动化和智能化。比如自动感知物料需求和触发补货请购，消除重复性手动操作；基于物料配送信息在线核对电子发票信息，并自动触发付款。

大数据智能化的应用在帮助采购事务性工作实现 IT 化的基础上，也将在供应链风险预防控制、预测型寻源、战略寻源、供应商管理方面帮助采购环节提升效率和绩效。在线供应链使采购工作向价值增值、价值创造的方向转移。

1.2.2 增值服务供应链

增值服务供应链，是以客户需求为中心，通过资源整合，为客户提供物超所值的供应链服务，帮助客户实现价值增值，以此来增强客户黏性，达成长期稳定的战略合作的供应链。

IBM 在全球范围内进行的供应链调查中发现，绝大多数领先企业认为企业需要通过数据分析及洞察来增强客户需求理解、关注客户体验、提供增值服务，故增值服务供应链是大势所趋。

2016 年沃尔玛、京东与达达－京东到家的合作联盟就是一个很好的例证。沃尔玛入驻京东到家平台，消费者浏览"京东超市"和"京东到家"的网页，都可以看到沃尔玛是第一选择，而沃尔玛门店到消费者的"最后一公里配送"交给专注于同城快送的达达－京东到家。沃尔玛专注于门店战略，能够将采购和仓储成本控制到最优，但是从门店到消费者的配送是其短板，这直接影响了其客户体验。

通过优势互补，三方合力打造的增值服务供应链补齐了各自的短板：沃尔玛通过入驻京东到家平台，线上销售额大幅增加，配送费用大幅降低；京东通过与沃尔玛的合作，吸引了更多的大型超市集团入驻；达达－京东到家的合作商家数量持续增加。在为消费者打造增值服务供应链的过程中实现三方共赢，这也是持续挖掘客户价值的必然结果。

1.2.3　快反供应链（柔性与敏捷）向纵深发展

"新常态"这个词阐释了当下各种环境与要素"变"的本质和特性。

在突发事件层出不穷的特殊时期，企业会面对更艰巨的挑战，也就对供应链快速反应转型的能力认识更深刻，这往往也更能激发供应链的换代升级。

如今，有危机意识的企业的供应链正在朝快速反应的方向奋力前进。但出于历史原因，过去我国大量企业的供应链都属于精益或渠道供应链，以成本和品质作为竞争的筹码。而在变化成为常态的当下，客户需求已经从关注价格和品质向个性化、新奇化、多样化转变，而且变化的频率和变化的幅度都在增加，客户的黏性在降低。

靠规模效应和计划控制取得成本优势和质量稳定性的传统思维，已经无法适应这样的需求变化，因而向突出柔性和敏捷特征的快反供应链转型成为企业不得不面对的课题。我国企业在转型中面对的主要问题是在向快反供应链转型的过程中怎样保持传统优势并持续构建新优势。

1.2.4　大数据驱动的供应链

过去数十年，我国很多供应链及物流企业未能重视供应链实际运营数据蕴藏的巨大价值；如今，我们都知道，数据不仅可以用于供应链运营管理，更重要的是它能够用于连接消费者和供应商、深度挖掘客户需求、打破信息不对称。在未来人人皆可数据化的时代，能抢占先机和抓住客户的供应链一定是大数据驱动的供应链。

毋庸置疑，未来社会最有价值的东西是数据。数据已经成了战略规划、指导决策、制定策略的重要依据，也成了供应链构建、持续优化、战略落地的重要基础。在端到端的供应链上，基于大数据分析应用的智能分析和决策能力将成为供应链运营能力的分水岭。

IBM 在 2020 年年初采访了超过 1 600 位首席运营官（Chief Operating Officer，COO）以及供应链、产品开发、采购和生产制造高管，其中40%的首席采购官（Chief Procurement Officer，CPO）预计基于数据的智能分析将在风险缓解、费用分析、全球物流和配送方面带来更多价值。

现今，企业运营面临越来越大的监管和安全风险压力，同时还要不断优化自身的运营模式以实现收入增长。借助人工智能来解析非结构化数据（如新闻订阅源、社交网络等的数据），企业不仅能够实现全面可视化，更能获得有关供应链中断和风险的真实洞察信息，增加对供应风险评分和供应商业绩的了解。

关于物联网的数据分析，则可以从其他互联设备中获取信息，提高供应链各个环节的管理水平，使企业获得积极主动的预测性响应能力，进而降低成本、提高运营效率和提升创新能力。

1.2.5　供应链由泛生态圈向联盟生态圈转化

供应链生态圈是以相互支持的生态为基础的新型商业模式，具有长远的战略价值。而原来基于纯粹商业合作的泛生态圈难以形成抗风险的供应链，供应链上各环节的企业与机构只有加入联盟生态圈才能实现未来的共赢发展。

正如前文提到的沃尔玛和京东合作、阿里巴巴和苏宁合作、拼多多与国美合作，这些都是紧密围绕客户需求形成优势互补的联盟生态圈，从而共同应对不确定性和变化的例子。

而从供应链上下节点的合作联盟和意识来看，作为链条合作的上下游，双方并非简单的买卖关系，而是在共享资源中进行优势互补，不断建立紧密合作的关系。

1.2.6　供应链风险防控常态化

如果重要供应商不供货了，怎么办？

如果核心器件生产区面临极端情况，比如洪灾、地震，生产中断，物流中断，怎么办？

如果关键岗位人员发生突发事故，如何处理？

如果贸易出口国突然大幅增加关税，怎么办？

如果出现意外事件货物被封锁在港口，怎么办？

VUCA 时代不确定性的直接表现就是突发事件增加，供应链风险事件频发且难以预测，其不确定、不可知的特点使得原有流程和模式已经难以有效应对。

供应链风险事件小则影响供应、延迟供应，大则对企业造成致命的、难以挽回的影响和损失，因此越来越多的企业开始重视供应链风险防控体系建设和防控机制建立。

2008 年汶川地震时，安县桑枣中学 2 300 余名师生能在 1 分 36 秒内安全撤离，学校每年一次的紧急疏散演习功不可没。IBM 提供给华为的咨询服务中也包括"极端商业条件下可持续客户服务管理"的方案。

企业要认识到，既然风险难以预测，那就要将其当成常态去应对。与桑枣中学的做法一样，企业也需要建立一套风险应急机制和演习预案来应对风险。通过应急机制的常态化演练让组织对变化习以为常，培养组织应对变化的能力和处置风险事件的思维模式，这是可以做到也应该做到的。

既然身处变化，只能主动应对。风险重在预防，建立风险防控体系和有效的防控机制，可以降低风险等级和发生频率，降低风险和避免风险损失，最大限度地保持供应链的持续性和稳定性。

1.3 采购职能的变化趋势

在 VUCA 大环境和趋势下，采购职能又在发生什么样的变化呢？

采购是人类社会常见并大量存在的行为，其历史可以追溯到人类诞生的时候，最原始的采购行为是以交换（以物易物）的形式进行的。随着社会进步，企业价值、组织价值不断被探讨、挖掘，采购作为供应链的重要节点和关键环节，伴随着供应链价值不断被认识，采购的本质也在发生变化，相应的采购职能也在不断被重新定义。

供应链被广泛接受的定义：供应链是指围绕核心企业，从配套零件开始，制成中间产品及最终产品，最后由销售网络把产品送到消费者手中的，将供应商、制造商、分销商直到最终用户连成一个整体的功能网链结构。

因为这个定义很难体现供应链的价值，也就很难定义采购价值，更难以帮助企业理解采购职能。从字面意思理解，很容易把采购职能理解为货源获取和管理，甚至是简单的"买东西"。

2017 年 10 月 13 日，中华人民共和国国务院办公厅印发的《关于积极推进供应链创新与应用的指导意见》中给出的供应链的定义：供应链是以客户需求为导向，以提高质量和效率为目标，以整合资源为手段，实现产品设计、采购、生产、销售、服务等全过程高效协同的组织形态。随着信息技术的发展，供应链已发展到与互联网、物联网深度融合的智慧供应链新阶段。

该供应链定义较好地体现了供应链的价值——满足客户需求，创造客户价值。从价值这个角度来理解采购，其本质就是在对外获取资源的过程中，以整合资源为手段，内外高效协同以满足客户需求，持续创造价值，构建竞争优势。

1.3.1　从外部市场上获取资源的过程

采购需要保障生产经营过程中自身不具备的各类资源需求，这些资源包括必需的原材料、辅料、零部件和相关服务。正是因为企业自身不具备这些资源，企业才需要对外获取，那么怎样获取，又怎样与自身需求匹配呢？

由此出发，采购职能的转变经历了三个阶段。

（1）买东西，即采购订单建立、产品交付、到货验收和付款。

（2）货源管理，包括保证供应、货比三家、匹配需求等职能。

（3）策略管理，即通过管理供应商和管理需求更好地保证供应、降低风险。

发展到第三阶段，采购职能就不仅是简单地下单催货、验收付款，而是一个完整的策略体系，它既有战略逻辑，也有战术技巧，同时要求采购体系具有相当的专业度和职业素养来支撑采购业务推进。如本书将具体分析的供应商管理体系，正是一个上接战略、下接绩效的管理体系，涵盖供应商开发与评估、供应商绩效管理、供应商关系管理、供应商风险管理等一系列内容，从而指导企业在采购战略框架下开展相关业务。

1.3.2　整合和利用资源、构建优势的过程

采购过程同样是高效利用资源，实现从供应方到需求方价值链增值的过程。其涉及的不仅是供应商管理，更需要企业思考怎样使供应资源的效率最高，怎样通过内外协同不断降低供应链总成本，提升供应链运营效率，持续保持供应链的竞争优势，并在这个过程中通过帮助供应商提升价值、实现价值，进而实现自身采购价值的最大化——这才是采购职能转变的最高目标。

因此，企业必须从战略高度重新定位和思考采购职能的问题。要满足这样的采购职能需求，企业不仅需要采购人员具备相应的专业能力和职业素养，还需要采购部门具备战略思维，能从全局高度进行系统性分析和制定决策的能力，高效的沟通和协同能力，以及采购领导力。

在当前的大环境下，虽然经济下行压力持续增加，但是挑战与机遇并存，

优秀的企业已完成了采购理念从事务性到战略性的转变，而大部分企业的采购还处于初、中级阶段，既不能有效支撑企业战略，自身工作也处处受挫、处处碰壁，因而陷入困境和迷茫。

图1.3-1反映的是采购各阶段的定位及重心转移的过程。

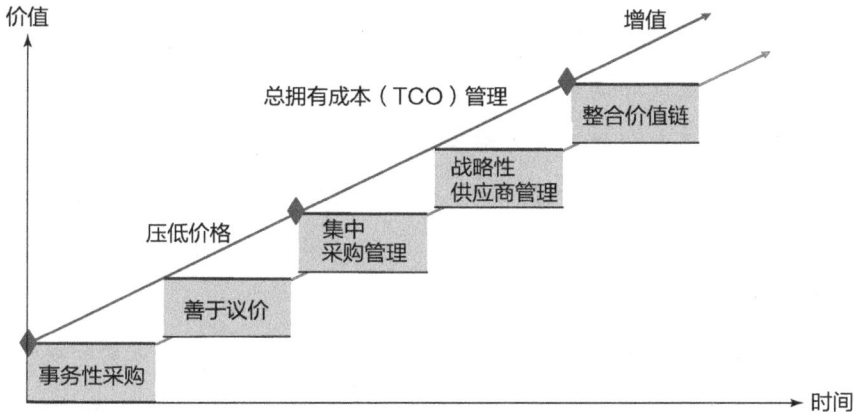

图1.3-1 采购各阶段的定位及重心转移的过程

采购职能正从最初的注重执行和议价逐步转变为注重战略采购和价值链整合，如果当下的采购还是定位在传统事务性工作，那采购只能满足企业基本的物料需求，而个人能力和组织绩效都无法得到提升，甚至会让企业的发展受到掣肘。

具体而言，采购的阶段、职能和策略如表1.3-1所示。

表1.3-1 采购的阶段、职能和策略

阶段	职能	策略
事务性采购	关注具体事务，处理订单	提升遵从性、执行力
善于议价	关注议价，谈判压价	进行成本及价格管理
集中采购管理	集中采购，确定采购规模等	发挥集中优势、采购职能专业化
战略性供应商管理	战略采购、总成本管理	战略寻源与供应商管理
整合价值链	整合产业链，支持企业业务成长	产业链资源整合，寻求最优解决方案

随着经济全球化的发展，企业具有核心竞争力是企业成功的关键。采购部门应通过对供应商资源的开发和供应链价值的挖掘，帮助企业持续降低供应链成本，构建供应链竞争优势。

🌐 案例：IBM 采购职能的转变

全球 IT 业巨头 IBM 过去采用的是最基础的采购方法，即员工填单—领导审批—收集采购需求—定期采购。为了降低运营成本和确定落地方案，IBM 进行了全球范围内的统计调查和研究分析，调研发现，当时 IBM 不同地区的分公司、不同的业务部门的采购大都各自为政，实施采购的主体分散，重复采购现象普遍。以生产资料为例，对于键盘、鼠标、显示器甚至包装材料，各分公司业务部门的采购流程自成体系，权限、环节各不相同，合同形式也五花八门。

（1）对策。经过系统的对比分析，IBM 决定综合运用集中采购和电子采购方式，以降低采购成本。首先进行组织机构的变革，设立集中采购管理部门；再由集中采购管理部门进行采购流程的变革；继而按规范的采购流程，设计电子采购管理系统，并组织实施。以此最终实现采购流程的科学化、管理手段的现代化，提高采购工作的效率，降低采购的综合成本。

IBM 成立了全球采购部，其内部结构按照国家和地区划分，开设了 CPO 职位。组织结构的确立，意味着权力的确定。全球采购部集中了 IBM 全球范围内的生产性和非生产性采购权力，掌管全球的采购流程的制定，统一订单的出口，并负责统一订单版本。

经过全球采购部的专家仔细研究，IBM 把全球采购的物资按照不同的性质分类，生产性的分为 17 个大类，非生产性的分为 12 个大类。针对每一类物资分别成立一个专家小组，由工程师组成采购员，他们精通产品的情况，了解每类物资的新产品、价格波动、相应的供应商资信和服务。在具体运作中，全球采购部统一全球的需求，形成大订单，寻找最优的供应商，谈判压价并形成统一的合同条款。之后的采购只需按照合同"照章办事"就可以了，这种集中采购的本质就是"由专家做专业的事"。

（2）收益。当全球采购系统在 IBM 内部平稳运转后，效果立竿见影。以 2000 年第 3 季度为例，IBM 通过网络采购了价值 277 亿美元的物资和服务，降低成本 2.66 亿美元。有近 2 万家供应商通过网络满足 IBM 的电子采购需求。简化业务流程方案实施后，在 5 年里，IBM 总共节约的资金超过了 90 亿美元，其中 40 多亿美元得益于采购流程方案的重新设计。IBM 降低了采购的复杂程度，将采购订单的处理时间降低到了 1 天，合同的平均长度减少到了 6 页，内部员工的满意度提升了 45%，电子采购让 IBM 内部的效率大幅提升。

与此同时，供应商最大的感受是与 IBM 做生意更容易了。统一的流程、标准的单据意味着更公平的竞争。集中化的采购方式更便于发展战略性合作伙伴的商业关系，这一点对生产性采购尤为重要。从电子采购系统的推广角度而言，供应商更愿意采用更简捷的网络方式同 IBM 进行商业往来，达到与 IBM 一起降低成本、一起增强竞争力的双赢战略效果。

从这个案例可以看出，IBM 通过组织机构的变革，对系统的诊断和分析，对流程和方法的优化，采用最合适的采购策略并加以实施，重新定义了采购职能，最终带来了企业成本的降低、效率的提升，更带来了供应商关系的增进。因此采购职能的转变和对企业战略的有效承接，能够提升供应链的运营绩效，有利于对供应商资源的开发和对供应链价值的挖掘，对企业降低成本、树立供应链竞争优势起着不可替代的作用。

1.4　采购方与供应商关系转变历程及趋势

伴随着供应链意识在企业落地生根，供应链的重要性和系统性逐渐得到认可。越来越多的企业从原始的买东西转变到构建供应链组织、提升供应链从业人员专业能力，系统性地从战略到战术、从组织到绩效去规划供应链的运营体系和流程。

在从买卖关系到战略联盟的转变中，伴随着对供应商资源重要性认识的提升，以及对采购价值的持续挖掘和不断重新定义，采购方与供应商的关系大致经历了初始阶段、管理阶段、生产联盟、战略联盟这四个阶段。

1.4.1　初始阶段

第一阶段是"初始阶段"，在采购价值仅仅体现为买东西的阶段，采购方与供应商极其容易形成对立关系，采购过程中价格是关键决定因素。虽然采购方开始对供应商进行正规认证，但总体来看，双方的关系是短期合作关系，供应商极容易发生转换，在很多采购方的企业文化里，供应商是可以随时"牺牲"的，尤其是有其他价格更低的供应商加入时。

1.4.2　管理阶段

第二阶段是"管理阶段"，采购方关注到供应商对采购绩效的影响程度和对供应链运营效果的重要性，开始有意识地对供应商采取管理措施，如供应商开发、绩效管理、关系管理等。

在这样的过程中，采购方能够获得的收益主要体现在三个层面。

（1）采购方对供应商的质量、成本、效率、服务等要求，能够较为清晰地传递给供应商。

（2）建立评价体系和评价规则让供应商之间良性竞争，保持资源的活力和一定的竞争力。

（3）采购方开始意识到，与供应商的合作关系能为企业带来更多的价值，且能够有效控制和降低供应链风险。合作的重要表现形式就是注重与供应商协同改进质量、成本和服务。

以某汽车公司为例，2010 年年初的统计数据表明，在此之前，零部件质量直接影响整车质量，通过对运行过程暴露的质量问题进行统计，70% 以上的问题是由供应商零部件质量问题造成的。

同时，零部件采购价格直接影响整车成本，零部件及原材料采购成本约占销售收入的70%。

而供应商准时交付率直接影响公司的生产进程，从近几年的生产停线情况分析，公司生产工序的等待70%以上是由供应商配件的延迟交付和配件的质量问题造成的。

所以，采购活动离开了供应商的配合就是独角戏，难以唱得精彩，为此，采购方应该与供应商发展良好的关系。

1.4.3　生产联盟

第三阶段是"生产联盟"，采购方与供应商关系紧密，供应商与采购方各环节的集成度和协同度进一步提高。基于开放的合作心态，双方可以更好地发现优势并进行优势互补，最大化地提高资源利用效率，并降低沟通成本、协作成本，使双方在协作中建立起基于共同利益和价值的联盟关系。

在共同利益和价值的驱动下，企业追求动态供应链的创新以赢得竞争力。

1.4.4　战略联盟

第四阶段是"战略联盟"，采购方与供应商面对客户价值实现业务及流程一体化，双方文化融合、目标一致，有一致的战略与政策，且能共享数据和信息。采购方与供应商达成战略联盟，在关键物料、关键项目实现战略合作、利润共享，在共同应对不确定性和各种挑战的同时，实现共生共荣。

采购方当然不会与所有供应商达成战略联盟。对于战略联盟伙伴必须有所选择，只有互相认可价值和文化，并愿意高度开放协同、高度共享资源的伙伴才可结成战略联盟。

战略联盟意味着更高的信任、更多的付出，也意味着优先享受更多的合作成果，这就是共生型组织的特点。因而采购方与供应商的关系也会随着组织战略的变化而变化。

1.5　基于竞争战略的供应链战略特性分析

基于采购职能的演进和采购及供应链趋势的要求，采购方与供应商的关系也需要顺应发展不断转化。

作为供应链运营体系中的重要环节，供应商管理是采购方构建竞争优势的重要战略高地。面对供应商这一企业重要的外部资源，企业要用好资源、实现优势互补、构建差异化的竞争优势，就需要上接战略、下接绩效。

为此，企业首先要理解差异化企业竞争战略、供应链战略、采购战略及供应商管理策略以及这几者之间的联系，如图1.5-1所示。

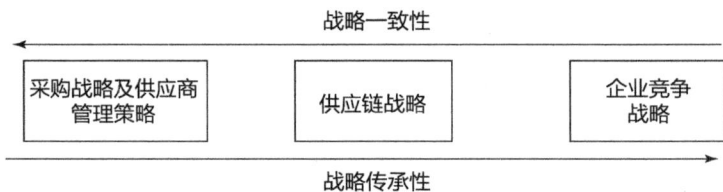

图1.5-1　基于企业竞争战略的差异化供应商管理

企业战略是企业为实现愿景、使命而确立的实现路径，即通过对自身的系统性分析，对企业的内外部环境分析，明确企业将要走向何方，以达成战略目标为导向进行资源配置。

企业竞争战略是企业形成的区别于或者领先于竞争对手的优势，也是对客户需求的定位和解读。一旦企业的竞争战略确定，在运营过程中，企业的一切行为和活动均为实现战略而服务，也为实现战略进行取舍。对企业竞争战略的解读有很多种，但是回到客户需求的维度，无外乎四个主要方向。

1.5.1　OTEP模型四种主要的竞争战略原色

国内制造业大部分企业的竞争战略聚焦在成本控制和产品质量两个方面。

随着竞争多元化及社会分工专业化、细分化，新技术革命带来了传统制造业的升级换代，数字化时代引爆了个性化消费需求，在各种因素的共同作用下，单一的竞争优势很难适应变化的需求，因此更多的企业围绕客户需求调整竞争战略，发展协同优势，例如以成本优势为主开始关注客户体验，以品质为先的同时也提高敏捷性。

笔者曾对多家企业进行现场与团队调查，并建立了采购与供应链管理 OTEP 模型，因其主要从采购组织（purchasing organization）、采购思维（procurement thinking）、采购操守（procurement ethics）与采购绩效（procurement performance）四个维度建设，因此简称为"OTEP 模型"，根据此模型，我们可以形成优秀卓越的采购矩阵运营体系。

如今，OTEP 模型下的竞争战略主要分为四种，其分类及代表企业如图 1.5-2 和表 1.5-1 所示。

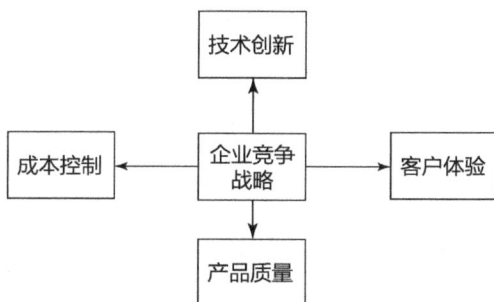

图 1.5-2 四种主要的竞争战略

表 1.5-1 不同竞争战略方向的代表企业

竞争战略	代表企业
技术创新	苹果
客户体验	奔驰
产品质量	雷克萨斯
成本控制	小米

变化是为了更好地满足客户需求，并持续创造客户价值。但是，采购供应链人首先要正确理解自己企业的竞争优势，因为竞争优势就是对客户需求和客户价值的解读和定位。

1.5.2　基于企业竞争战略的供应链战略特性

供应链是连接上下游资源、支撑企业竞争战略的重要运营体系，因而需要在正确理解竞争战略的前提下构建供应链，才能有效地支撑企业竞争战略。

竞争战略的核心是取舍，因而基于竞争战略构建的供应链从架构到组织，再到运营目标会体现这种取舍。不同竞争战略下的供应链战略特性如图 1.5 - 3 所示。

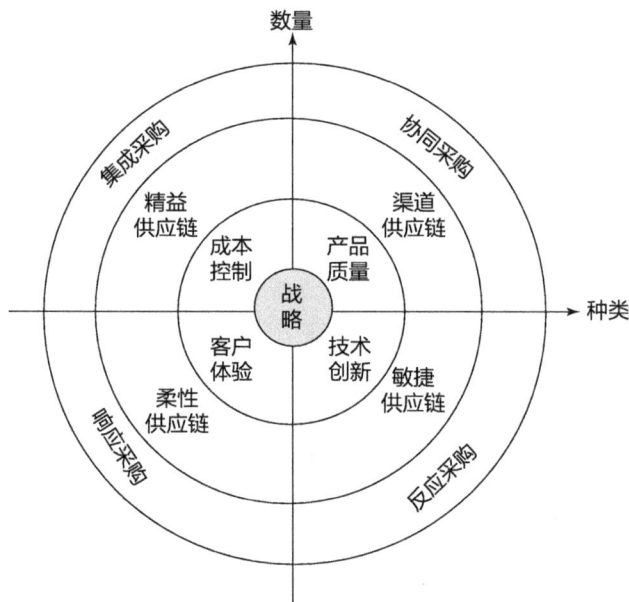

图 1.5-3　不同竞争战略下的供应链战略特性

1. 渠道供应链特性

竞争战略方向为产品质量的供应链，我们命名为"渠道供应链"。渠道供应链的典型特性为提供功能性产品，消费者购买此类产品时，与其他外在指标相比，更关注产品的功能性指标。

例如，对于汽车轮胎，消费者更关注尺寸规格、噪声、耐磨性等功能性指标，而对花纹、颜色这些外观指标就很少关注。在购买家用空调时，与形状、颜色等指标相比，消费者显然更加关注功能性指标，例如噪声、耗电量、制冷效率、使用年限、故障率等。

这类产品由于对功能性的要求较高，因而对品质的要求也较高，产品呈现种类多、需求数量多的特性。一般而言，按库存生产、规模化生产，既可以保证产品具有相对稳定的较高品质，也有利于企业控制运营成本。

与此同时，由于管理半径长、复杂度高，渠道供应链对团队的专业化程度要求也比较高，企业需对产品的质量、成本、交付、服务等进行严格管控，这又导致企业的管理成本相对较高。

为此，有些企业会将具有共性的多种产品汇集给几个渠道商综合管理，这样每个渠道商负责的品类相对统一，企业主要管控这些渠道商即可。这种采购战略称为协同采购，可以有效节约成本、提高效率。

例如，沃尔玛的采购品类比较多、数量也比较大，就会采用协同采购的方式管理，如果每一品类都由沃尔玛自己采购，几十万个存货单位（Stock Keeping Unit，SKU）的管理难度和需要投入的资源将难以估算。

2. 精益供应链特性

竞争战略方向为成本控制的供应链，我们命名为"精益供应链"。精益供应链起源于精益生产，从产品设计到客户得到产品，整个过程必须同合作伙伴整合，快速响应客户要求，核心就是减少、消除企业中的浪费，用尽可能少的资源最大限度地满足客户需求。精益供应链的目的是减少浪费、降低成本、缩短操作周期、提供强化的客户价值，从而增加企业的竞争优势。

精益供应链的特性为产品数量多、种类少，通过与供应商的紧密协作、高度集成，精益化地降低一切运营成本，从而在保证产品的成本优势的同时，保证企业的合理利润空间。

由于成本优势对市场的吸引力较大，会引起较激烈的市场竞争，因此，成本是企业考量的第一要素。

日本传统制造企业（如丰田、佳能等）都是精益供应链的典型代表。特别是日系汽车企业的目标成本管理，就是将精益的理念彻底贯彻到从研发到售后的全供应链的每一个节点、每一个环节，在达成目标成本的同时，既高质量地满足了客户需求，又成功地保证了企业的目标利润，通过精益供应链持续地保持自己的竞争优势。由于与供应商的高度集成，因而精益供应链的采购战略称为集成采购。

3. 柔性供应链特性

竞争战略方向为客户体验的供应链，我们命名为"柔性供应链"。柔性主要指供应链的弹性，即灵活性。

同过去相比，需求的不确定性大大增加，柔性供应链可以提高系统的响应能力，在快速切换中灵活响应客户需求，因而可以提供极高的客户体验，并且能满足个性化定制、小批量定制的要求。

同以上两种供应链订单批量大、规模化生产的特性不同，柔性供应链的产品大多具有多品种、小批量、订单变化频率高的特性。

为打造差异化的客户体验，企业往往根据客户需求进行定制化开发，因此整条供应链的柔性、个性化定制的特点非常明显。例如现在的高端家具定制行业已经可以做到一把椅子也接单，而常规的制造业一般不会。

当然，为满足供应链的柔性要求，柔性供应链也要求供应商在产品开发、设计、响应能力、柔性交付上有更强的能力和更高的配合度。由于对供应商响应能力的高要求，柔性供应链的典型采购战略称为响应采购。

柔性供应链能够帮助企业解决市场需求预测困难、库存成本高等问题，能加速产品的流通速度，能创建无缝的、同步的供应链，能让企业实现快速响应和降低库存成本。

4. 敏捷供应链特性

竞争战略方向为技术创新的供应链，我们命名为"敏捷供应链"。敏捷供应链指在不确定、持续变化的环境下，为了在特定的某一市场中实现价值最大化而形成的基于一体化的动态联盟和协同运作的供应链。

敏捷供应链需要以核心企业为中心，通过对资金流、物流、信息流的控制，将供应商、制造商、分销商、零售商及最终消费者整合到一个统一的、无缝化程度较高的功能网络链条，以形成一个极具竞争力的战略联盟。

敏捷供应链具有超强的市场敏感度，不仅能够很好地觉察市场的变化，而且能以最快的速度做出应对，强调快速反应，以高质量的服务水平为考核标准。因而敏捷供应链的典型采购战略称为反应采购。

敏捷供应链的特性为产品数量少、种类多，为满足这类市场需求，供应链应尽量优先考虑以标准化部件组装的方式来满足需求。这类市场通常对库存的要求较高，稍不留神就可能带来库存积压，所以供应链通常需要大规模定制、模块化生产，并按照订单装配。如笔记本电脑行业，零售市场会对产品配置有不同的要求，工厂只需要按订单选择对应的模块组装即可。

敏捷供应链可以根据动态联盟的形成和解体，进行快速的重构和调整。敏捷供应链要求能通过供应链管理促进企业间的联合，进而提高企业的敏捷性。在敏捷供应链中必须实现各企业之间的物流、信息流的协同和共享，如此才能取得共赢的结果，并对整个供应链进行全面的优化管理。及时响应外界条件的变化，增加企业对外界环境的响应速度，是敏捷供应链管理的主要任务。

1.6　供应链战略特性下的采购战略及供应商绩效需求

在大机会时代，千万不要机会主义。不要在非战略机会点上消耗战略竞争力，要有战略耐性。

1.6.1　识别战略优势

OTEP模型的作用就是识别战略优势，并通过从战略到策略的解码，保障企业竞争的传承性，通过从策略到实践的转化支撑企业的实践与执行方案。通过企业的战略解码，构筑企业组织、企业思维、团队职业化操守及绩效导向，将企业的竞争力转化到体系、人员与工作的维度落地，然后通过绩效执行对照企业战略执行反馈与优化，最终实现企业竞争战略与实践的可持续优化管理闭环。OTEP 实践模型如图 1.6-1 所示。

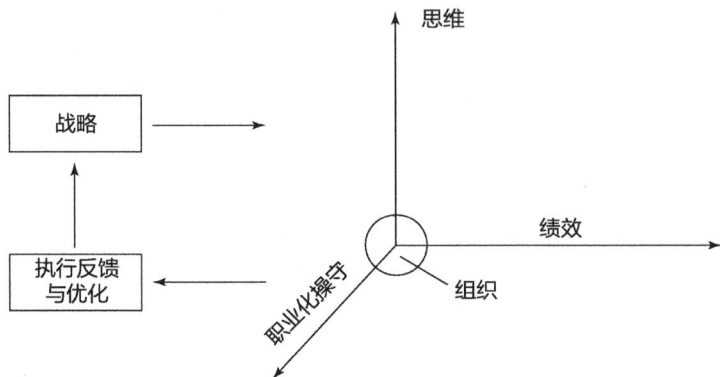

图 1.6-1　OTEP 实践模型

（1）战略。战略是企业运营的根本与方向，企业的一切经营活动与行为都是为实现企业战略而进行决策与实践的过程。战略是企业基于竞争环境与资源优势的考虑，用于表达企业未来的愿景与方向的结果，是企业经营的出发点与终结点。通过对市场需求、产品属性的分析，总体确定企业的 4 个战略方向：成本控制、产品质量、客户体验及技术创新。

（2）组织。为实现企业竞争战略，需要什么样的组织来支撑？企业需要思考的是：什么样的组织形态与架构能够使企业最有效地理解并满足客户需求，怎样的组织流程能实现战略意图，有效的激励机制是什么，以及如何提升组织的竞争力并降低运营成本和运营风险。

（3）思维。在企业的战略架构与价值策略下，企业应有效理解企业目标与客户需求，从而建立强化目标任务的统一思维和系统观念，包括企业文化。

（4）职业化操守。企业需要考虑的是：战略能够被有效执行，员工必须具备的职业化操守有哪些；企业战略什么时候需要什么样的人来执行等。这里的职业化操守包括员工对工作的认识、个人性格、心理心态、意识和价值观等方面。一位职业化人士应该具备的职业素养包括忠诚、专业、勤奋、公平、诚信、正直、敬业、积极等。

（5）绩效。绩效是实现战略的发动机，战略不同，绩效指标也会差异巨大，因此企业需要设置战略落地的绩效体系。企业需要考虑支撑企业竞争战略的关键业务及其绩效指标。

特别需要指出的是，经常有人提出要用其他企业的绩效体系来"参考"，这反映了其不理解将资源投在战略机会点上的底层逻辑。莎士比亚说："一千个观众眼中有一千个哈姆雷特。"同样，一千个企业就有一千个差异化的绩效方案，即使这些企业都处于相同行业，但不同企业的战略不同，绩效方案也就不同。

OTEP 模型能让组织从无规则的"布朗运动"转变为有序运动，使组织上下齐心协力。同样，OTEP 模型也能将组织内部力量延展至外部供应商和相关合作方。

与企业内部资源相比，外部的市场资源和供应商资源往往具有更强的选择性和灵活性，因此，整合优势的供应商资源并有效协同外部渠道，并借此提升企业竞争优势，成为供应链竞争的重要环节。

供应商的竞争力也延伸为企业供应链竞争力的重要核心组成部分。采购是连接外部资源的重要节点，因而，让供应商资源为企业所用、优势互补，让供应商资源有效匹配企业的竞争战略需求并成为供应链上的优势资源，成为采购的重要职责。

为满足不同的供应链战略特性下的运营需求和优势构建需求，从采购战略制定到供应商资源匹配就要有效承接并落实这些需求，如此才能保证供应链运营的方向和效果。

虽然采购和供应商管理同供应链模型有对应关系，但并不是说一个供应链模型只能对应一种模式，有可能一个供应链模型需要多种模式予以支撑。如丰田，其供应链毋庸置疑属于精益供应链的范畴，但是仅通过集成采购战略只能从一个维度来支持企业战略，而这个维度无法支持丰田这么多年的发展。企业发展是多维的，市场需求是多面的，这就需要多元化的采购战略来支撑企业的发展。例如丰田除了需要采取集成采购战略外，还需要协同和反应采购战略的支撑。

一个企业究竟选择何种采购战略并制定相应的采购策略，再细化出对供应商的具体需求，如寻找资源、整合资源去匹配需求，并在持续为客户创造价值、满足客户需求的过程中实现与供应商的共生共荣，在共同应对变化中实现双方和多方的持续健康发展，这就是供应商管理课题研究的范畴。

供应商管理是上接战略、下接绩效的完整体系，贯穿企业的全生命周期和供应商合作的全生命周期，可将其分成四个模块，即供应商开发管理、供应商绩效管理、供应商关系管理和供应商风险管理。

标准化的流程、管理方法的分析和实践案例的应用，可帮助采购供应链人从战略出发，到策略制定，再到战术落地，清晰、高效地管好供应商。

1.6.2　供应商管理四大模块的关键任务

供应商管理四大模块的关键任务具体如下。

1. 供应商开发管理

（1）通过对采购战略和需求的理解，进行全方位的供应市场分析。

（2）建立开发和准入原则，寻找和筛选合适的供应商资源。

（3）制定基于战略需求的评估标准，对新供应商进行开发、评价。

（4）开发合格的供应商，进行分阶段、分级分类管理，使其逐渐成为合作伙伴。

2. 供应商绩效管理

（1）结合差异化竞争战略和采购战略，规划供应商绩效评估体系。

（2）制定符合战略需求的供应商绩效评估标准，有效传递价值观。

（3）应用绩效管理，实施持续改善，不断优化资源，提升运营效率，保持优势。

3. 供应商关系管理

（1）基于统一、客观、公正的标准进行分类，根据类别制定差异化关系策略。

（2）实施差异化关系策略，进行差异化资源配置和管理，实现价值最大化。

（3）识别战略供应商，制定并执行战略供应商策略。

4. 供应商风险管理

（1）充分识别整个供应商管理过程中的风险。

（2）通过对潜在问题进行风险评级和预警来避免和降低风险。

（3）通过制定有效的纠正措施和备选行动计划，来系统地降低风险，保持供应链的持续性。

第 2 章
供应商开发与评估

供应商开发是供应商管理的第一步，只有开发出更多的优质供应商，企业才能从中选择出符合企业发展战略的合作方。供应商开发并非简单地打个电话、发个邮件，而是要根据完善的开发计划，遵循严格的开发流程，进而引入供应商，让其成为企业竞争力的延伸。

2.1 供应商开发管理的目的

在这个变化的时代，谁拥有优质的供应商，谁就能赢得竞争优势。

供应商管理有条恒定的原则是"选择大于管理"，采购最怕选错供应商，一旦在选择供应商时出错，企业不得不面临两难决策：要么放弃现有供应商，从而面临转换成本高、转换周期长的问题；要么通过持续磨合、帮扶培训和持续不断的沟通，来提升现有供应商使其满足企业需求。简而言之，企业一旦在选择供应商时出错，就将被动地面临不利局面。

从企业实践成本数据上看，开发一个新供应商的成本是维护一个老供应商成本的 4 ~ 10 倍。尤其是对重要合作伙伴的选择，一旦选择出错，就会产生毁灭式的影响，因此，供应商的开发与评估是供应商管理的第一步，也是格外重要的一步。

当然，供应商开发固然重要，但也不能病急乱投医似地开发，更不能一旦原有供应商出现问题就马上想要换个新的供应商。笔者确实看到一些企业在与现有供应商合作不顺畅时，其应对策略就是迅速引入新的供应商来替代，但效果往往很不理想。其中的原因其实不难理解，与新供应商的磨合是需要成本的，但之前发生的问题却极有可能重复发生。还有的企业只要目前没问题，就根本不考虑备用供应商的开发，结果原有供应商突然发生异常事故导致断供时，企业就因为没有备用供应商而被迫停产。

因此，是否开发、何时开发供应商同样是供应商开发的重要命题。一般而言，表 2.1 – 1 所示为需要开发供应商的常见情况，针对不同的情况，供应商开发的目的不同，其侧重点也会不同，只有采购部先理解清楚为什么要开发新的供应商资源，才能对供应商开发和后续的全生命周期管理有清晰的策略。

表2.1-1 需要开发供应商的常见情况

常见触发原因	产生的价值
满足公司供应战略要求	延伸和提升企业的核心竞争力
新业务拓展	支持新的业务布局，补齐能力短板
现有供应商不能满足需求	替代现有供应商，保障业务持续性
进行必要的储备	保障重要物料的供应持续性，降低供应风险
优化配置供应商资源	优胜劣汰，引入"鲶鱼"，激发供应商积极性

综合以上多种情况，供应商开发和评估管理的价值主要体现在以下三个方面。

2.1.1 支持企业的战略布局和调整，获取竞争优势

企业在发展过程中，由于战略布局调整，其供应资源配置也需要随之变化。这一调整过程可能涉及迁往新址、设立新厂、自制转外包、转型等诸多情况。此时，由于地域性、产能、品种等各种局限，现有供应商可能无法满足企业的战略布局和战略调整需求，所以企业需要从源头上重新构建或者优化供应商资源，整合与企业价值观趋同的外部资源，延伸和提升企业的核心竞争力。尤其是在新的业务领域，该领域的成熟供应商更能快速补齐企业在新业务领域中的能力短板，帮助企业快速应对挑战。

此外，客户需求的多变性成为这个时代的典型特点，这就需要供应链快速反应和不断调整，这也对供应商的柔性、创新力、配合度等提出更高要求。供应商必须能随着企业的供应链策略进行相应调整，当双方策略产生冲突时，或当供应商不能或者不愿再与企业齐头并进时，企业就需要开发能匹配的供应商资源，以更好地满足客户需求，获取竞争优势。

2.1.2 盘活资源池，优化升级供应链体系

当企业建立了相对稳定的供应链后，随着市场竞争不断加剧，供应商管理也需要利用鲶鱼效应，通过引进、开发新供应商来增加已有供应商的忧患意识，

定期进行优胜劣汰。

供应商竞争力不仅包括适当的价格、快速的响应、合适的质量和完善的服务，更重要的一点则是创新和迭代的能力，这是在竞争激烈的环境下催生出的重要能力。因此，企业定期、不定期地对供应商资源池进行盘点和优化，可以避免供应商队伍的僵化，让双方在彼此敦促中共同成长。

企业通过开发新的供应商，从价格、响应、质量和服务等几个关键的供应链运营维度，引入必要的良性竞争，寻找到更优质、更匹配的供应商资源，淘汰劣势资源，可以在维系现有成熟供应商体系的同时不断优化升级。

2.1.3 降低成本，保障供应

当某一物料品类在企业采购中所占比重较大但供应商资源有限时，成本管控和保障供应方面均会存在较高的风险。

（1）巨大的供应风险。一旦现有供应商延迟交货或断供，企业就将面临直接的经营风险。

（2）价格上涨的风险。由于供应商资源有限，难于相互制衡，在没有备用供应商的时候，面对供应商提出的涨价要求，企业往往只能被动接受，这就给企业的成本管控增加了难度。

因此针对重要物料和高风险物料，提前考虑开发和储备新供应商是必要的。一方面企业可以减少对原有供应商的依赖，另一方面也可以在供应商之间寻求更多的平衡。实施供应商的有效储备和替代，可以帮助企业有效控制采购成本，同时避免由供应商断供、质量事故导致的巨大市场风险。

2.2 企业供应商开发管理的现状

尽管大多数采购供应链人都认可供应商开发环节对企业构建供应链核心竞

争力的重要性，但是很多企业供应商开发的现状不容乐观，现状和存在的误区如下。

2.2.1　缺乏系统性

很多企业开发供应商时缺乏系统性：在供应正常时，认为没必要浪费时间精力开发供应商；但在原有供应商出现问题而无备用资源时，却陷入"一朝被蛇咬，十年怕井绳"的状态，紧盯着出现问题的物料开发一堆供应商、寻找各种备用供应商，而当其他物料出现问题时又再次重复这一流程，按下葫芦浮起瓢，企业总是处于被动状态。

从表面上看，这些企业年年都在开发供应商，似乎十分重视供应商管理，但在实践中，却仍然觉得供应商不够用，问题没有越来越少，反而越来越多。

当出现这样的情况时，企业就应该思考是不是出现了系统性问题，是否缺少一套开发供应商的标准、流程和计划，以有序地指导供应商开发工作。

2.2.2　开发流程不规范

很多企业开发供应商时走形式，用一张调查表就可以开发供应商，直到关键供应商正式供货时，企业都没有去供应商现场进行过系统评审；或者由采购部门说了算，哪家供应商便宜就找哪家；也有的企业由研发部门说了算，研发环节就直接引入供应商并进入量产阶段，这样的开发环节会让以后的合作和供应存在很大的隐患，研发环节的供应商产能、品质不一定能支持企业量产需求。

一般来说，供应商开发包括的环节有：供应市场分析，寻找潜在供应商，潜在供应商的审核、评估，询价和报价，小批量试制、中批量试制、量产、供货比例确定、合同条款的签订，日常管理。

这是由多部门、多职能共同协作完成的一个系统性工作，而且不同行业也都有其特有的专业要求和评估特性。

例如，在食品和医药行业，涉及关键原辅料的供应商开发就需要供应商具备洁净厂房、与GMP（良好生产规范）类似的管理体系，因此，质量评审时就需要进行非常严格的稳定性考察和加速实验、对比分析等。在制造装备业，很多企业在采购设备生产线时，也要求进行 72 小时带料不间断运行评审来评估生产线的性能，对于关键品种，甚至要求进行每个品种单独带料 72 小时测试。

因此，开发供应商并非由单一部门、单一岗位完成的简单工作，而是需要采购、质量、生产、设计、供应商质量工程师（Supplier Quality Engineer，SQE）等部门或人员共同参与，通过评审小组从不同维度进行全面评审，在评审组织中根据企业供应链战略导向，明确各环节权重。

例如供应链战略以成本为导向，那么在评审中成本因素的权重就会较高，而质量、服务、开发能力等的权重则会较低；如果供应链战略就是质量为先，那在评审中质量的权重就会很高，供应商的质量体系、质量标准、质量稳定性等就会作为评审重点。

评审标准一定要有效承接企业的供应链战略，建立规范的评审标准和评审流程，这样就可以最大限度地降低日后的合作风险，在开发环节找到与企业需求匹配的优势资源。因此企业需要重视规范化地开发供应商，这其中包括建立规范化的评审组织、开发流程、评审标准。

2.2.3　供应商开发周期长

由于关键物料标准高、工艺复杂、难替代，很多企业在开发供应商的环节就会非常严谨。例如苹果公司，一方面其对供应商开发的评审体系非常严谨和复杂；另一方面评审标准非常严格，评审开发环节都是以年为单位，少则两三年，多则四五年。前文提到的一些特殊行业，其关键物料的稳定性考察也是以年为单位计算周期的，其中任何一个环节出现问题就要重新考察。

笔者曾经经历过一个关键物料的备用供应商引进工作，当时用了两年半的时间才完成所有的评估和考察工作，其中，质量考察就历经 4 次小试、4 次中试、2 次量产考察，供应商为此调整了 5 次工艺标准最后才通过了严苛的质量考察。

但在这样长的开发周期中，很多企业会陷入虎头蛇尾、不了了之的误区。

如前期各部门众志成城，但到中期出现反复和调整时，很多部门就开始打退堂鼓，以浪费资源、浪费时间、有其他重要工作为理由，甚至认为这是一种无效投入，不配合采购工作，整个环节的工作因此不了了之。

越是关键的物料，越是重要的物料，就越需要完善的备用供应商，因此，开发供应商的重要性就越高，同时开发的难度也会越大，占用的企业资源也会越多。因此开发供应商要慎重，一旦确定开发计划、进入开发流程，相关部门就要有毅力和恒心，充分协调好各方面的资源及相关部门的工作，认准目标、有序推进，半途而废是对企业资源的极大浪费，而且会增加关键物料的供应风险。

2.2.4 评估团队专业度不够

供应商开发是一个综合性、系统性的工作，供应商评审和评估是其中非常关键的环节，物料好不好、能不能用基本都由这个环节的工作决定。

供应商评审需要组成跨部门、跨专业的评审小组，并作为供应商开发的主导团队负责相关工作。但是很多企业在开发环节的问题是，企业确实组成了评审小组，也去供应商现场进行了全面的综合评审，最后出具了评审意见，引进了评审合格的推荐供应商，但是在正式合作阶段仍然出了问题，如质量不稳定、产能跟不上、无法按时按量供货等，其背后的原因往往是评审小组专业度不够，没有发现潜在问题。

笔者曾经带队去评审新供应商时就出现过这样的问题。供应商认为采购人员大多不懂设备，也不懂工艺，就带着我们在现场随便看看，认为有几台设备做做样子就行。然而，考虑到物料的工艺设备的专业性和特殊性，以及工艺对物料品质稳定性的重要性，我们在评审之前的准备工作和评审计划中就要对工艺的评审作为评审重点，并专门让懂设备工艺的专业人员进入评审小组。

在现场评审时，专业人员拿着对方提供的工艺标准逐一核对关键设备的参数，最终发现了重大的造假事实：高温高压设备的附件全部为常压材料，装饰薄壁不锈钢管（常压）标示输送高压氢气（事后证明为造假，设备没有开机）；

工艺标明设备工作压力为 20MPa，而设备上的压力表最大量程才 10MPa。

我们由此判断出对方造假，终止了评审，并且将其列入黑名单，永不再列入备用评审。在事后的调查中也确实证明供应商造假，对方根本不具备生产该物料的工艺能力，其既不具备关键工艺设备，也不具备关键工艺，而是想从外面采购工业级原料分包后销售给我方。

根据这个案例，大家可以反思一下，对于这样的供应商，如果我们在现场评审时没能发现问题，进入正式供货阶段将会出现多大的质量隐患。也请大家反思一下自己的企业现场评审供应商时，存不存在走过场的现象。

由于采购工作涉及的物料复杂，供应商所处行业也有很大差距，而评审人员多数不具备跨行业的专业度，企业要想切实发现问题和隐患，就要对评审人员提出更高的要求：加强专业学习和调研技巧，在评审之前把功课做足，如评审要点、评审方法、验证方法等，并通过同行企业、同类产品的平行比较，发现其中存在的差距和问题。评审人员必须在多学习、多比较中，不断提升自身的评审能力和专业度。

2.2.5　缺乏供应商开发信息与渠道

客户需求多变的现状对企业的创新力提出了更高的要求，更多的企业在新品开发上市时，需要更高效、更快捷地满足客户需求，进而占领市场、提高份额。更快、更新、更柔性，已经成为市场对采购供应链的必然需求，但在面对新品开发时，很多企业都出现供应商开发远远跟不上新品开发需求的问题。

设计部门有想法，但采购部门找不到供应商，或者开发速度滞后，满足不了新品上市的需求，这些问题往往是由于企业在日常不注意供应商开发信息和渠道的收集、整理。

企业在进行供应商开发时，不能等到需要时才开始行动。在信息化时代，一方面，海量信息让我们能够快速获取想要的信息，但另一方面，如果我们不注意日常的信息收集、整理、分类，就容易在信息海洋里迷失。

因此，采购人员要做好供应商开发工作，就需要有意识地做好日常信息的收集和整理以及渠道的梳理工作，根据物料分类建立供应商信息库，知道哪类物料去哪里找供应商，知道每类物料的行业供应商情况。这些都是采购的基本功，也是企业高效开发供应商、满足客户需求的基础。

2.2.6 供应商淘汰藕断丝连

很多企业在供应商开发时喜新不厌旧，但为了持续优化企业的供应商池，企业在进行新供应商开发的同时，要注意原有供应商的淘汰，建立公平、公正、公开、客观的淘汰标准。只有这样企业才能真正管理好供应商资源，保持供应商队伍的良性竞争和活力。

有些企业一方面不断开发新供应商，一方面却不愿将不合格的供应商淘汰，这种藕断丝连的供应商管理，势必会造成不公正，也会降低其他供应商的合作意愿。采购不能怕得罪人，只有建立规则并维持规则的公正和公平，企业才能得到供应商的尊重、支持和配合，才能吸引优质的供应商与企业共同成长。

企业供应商开发的现状及其影响如表2.2-1所示。供应商开发需要消耗企业资源，也需要进行资源分配和平衡，将有限的资源用在刀刃上，让供应商开发工作真正能为供应链战略服务，真正能够帮助企业供应链保持持续性和稳定性。

表2.2-1 企业供应商开发的现状及其影响

现状	影响
缺乏系统性	浪费资源、无法避免和降低风险
开发流程不规范	后期合作隐患多
供应商开发周期长	资源浪费，且未解决问题
评估团队专业度不够	无法选择到合适的供应商
缺乏供应商开发信息与渠道	找不到供应商，影响产品上市
供应商淘汰藕断丝连	不能做到赏罚分明，不公平、不公正的氛围较难吸引优质供应商

2.3 供应商开发的计划性管理

针对现在大多数企业存在的供应商开发管理问题，企业要明白，虽然供应商资源已经是企业的重要战略筹码，但只有为企业所用的那部分资源才是属于企业的战略筹码。有计划地开发供应商是供应商管理的第一步，同时这也是一个系统性、专业性很强，由多部门共同协作的长期性工作。企业需要有专业的团队，也需要有计划、有标准、有流程地执行合理的供应商开发计划，才能有效平衡和分配资源，同时也能有效满足企业战略需求。

2.3.1 供应商开发计划性管理的重要性

供应商开发计划性管理的重要性主要体现在以下方面。

1. 满足企业新品开发需求

随着消费者需求的快速变化和产业产品升级转型，企业对新品研发上市的需求，相比过去在数量、质量、速度、效率上都提出了更高的要求，同时也就对采购的供应商开发提出了更高的要求。合理的供应商开发计划能够有效地满足新品需求，帮助企业比竞争对手更快、更好地推出新品，抢占市场。

2. 有效支撑供应战略

很多企业为了降低供应风险或维持良好的竞争状态，提高供应商管理水平，在供应战略中明确规定了避免独家供应，关键物料需要至少两到三家供应商同时供应，甚至四到五家供应商，采购规模更大的物料则可能出现十家以上供应商同时供应的情况。

因此，从管理角度来说，企业一般不会要求一个物料有那么多供应商同时供应，为了降低风险和维持竞争，单个物料的供应商一般有三到五家就已足够。根据这样的供应战略，很多物料出于历史原因和其他原因处于独家供应或一到两家供应商供应的局面，企业就需要开发新供应商以降低供应风险、提高竞争度。

3. 做好供应商管理

为了有效管理供应商，企业需要将合理的供应商开发计划和劣质供应商的淘汰计划配合使用。

市场在动态变化，供应商的能力也在动态变化，企业发展需要供应链适时适势进行动态调整，其对供应商的需求和要求也随之变化。

建立供应商评估管理体系，有利于通过及时、动态的评估反馈进行有效的供应商管理，并在有效的价值观传递中，让供应商与企业在价值观上保持一致，共同发展、合作共赢。

然而，在各方面要素的动态变化中，总有一些供应商不能跟上企业的脚步，原有的供应商会进入倦怠期：发展活力下降，对市场麻痹或对企业产生依赖，甚或居功自傲，不再愿意和企业共同面对困难，质量、服务水平长期不变，与企业共同降低成本更是难上加难。

在这种情况下，合理的供应商开发计划能够帮助企业不断引入新鲜血液，利用鲶鱼效应保持体系活力；同时不断淘汰劣质、落后的供应商，保持规则的公平公正，鞭策供应商队伍与企业共同面对风雨、协同发展。拥有一个充满活力、保持良性竞争的供应商队伍，才是企业供应链竞争的核心优势。

4. 满足竞争需求

企业在面对市场波动、客户需求变化时，对供应链会提出新的要求。例如降低成本、提高效率、提高服务水平、加快上新速度、降低库存、开展准时生产（Just in Time，JIT）和供应商管理库存（Vendor Managed Inventory，VMI）等，各种需求会传导到现有供应商身上，但是却无法保证每个供应商都能积极响应。此时，企业则可以采用引进、开发新供应商的方式来响应市场需求，并对现有供应商形成冲击和发出警示，保持供应商队伍的活力，使其能够时刻适应企业需求的变化。

5. 降低供应链风险

供应链风险管理不是简单地控制供应商数量、引入备用供应商，而是在供应链动态管理中为发现风险、降低风险而产生的需求。

供应市场处在动态变化中，政策、法规、国际贸易形势、不可抗力等多因素的共同作用，使得供应市场瞬息万变：今天还风平浪静、一切正常，可能一夜之间就发生翻天覆地的变化；昨天供应商还在正常供货，某件突发事件瞬间导致断供……这样的案例层出不穷，所以更多的企业开始重视供应商开发和备选供应商池的建立，就是为了避免陷入"临渴掘井"的局面。

合理的供应商开发计划可以帮助企业筛查出高风险物料和高风险供应商，将开发计划进行优先级排序，降低供应链风险。

风险的出现也会催生供应商开发的需求。企业内部运营需要监控供应商的合作数据，对频繁出现问题且多次警告都难有起色的供应商，即使企业还未做出最后的评估结论，也要综合分析其中是否存在更大风险。如果供应物料比较重要，或开发周期长、开发难度大，而且对供应商的帮扶、警告都不见效，企业就要尽快将该类物料列入开发计划，通过开发策略的实施避免和减少风险。

2.3.2　制订供应商开发计划的评价维度

基于供应商开发需求及其计划性管理的重要性，企业要如何制订供应商开发计划才合理，才能有效平衡和分配资源，发挥资源的最大利用效率呢？此时，企业可以结合多个维度综合考虑供应商开发的必要性和优先级。

1. 采购物料的采买支出

企业的物料少则几百种，多则上万种；供应商少则几十个，多则上千个甚至部分企业有上万个供应商。在有限的资源下想要兼顾所有物料的有效管理几乎是不可能的，企业必须区分重点，将有限的资源投入重点物料。

为此，企业可以利用80/20法则，或者表2.3-1所示的ABC分类法。利用80/20法则先筛查出重点物料，也就是将采购金额占80%、数量仅占20%的采购品类筛查出来，针对这部分进行重点分析，则其供应商开发能带来的相对收益也较大。

表2.3-1 ABC分类法

类别	物资特点	品种比例	销售额÷价值
A	价值高，采购金额高，品种数量少	10%	70%
B	价值中等，采购金额中等，品种数量中等	20%	20%
C	价值低，采购金额低，品种数量多	70%	10%

2. 采购物料的供应风险

对物料进行重要性分类后，企业就要关注物料的供应风险分析，尤其要对长期处于欠料状态或供应紧张的物料进行盘点，并对"双独"器件（独家供应商、一家供应商只供应唯一型号的器件）进行盘点，按照供应风险分析和重要性排序对物料进行分类。

3. 供应商本身的绩效表现

即使企业只有一家供应商，但如果与供应商建立了战略合作伙伴关系，双方相互重视，那风险级别仍然可控。风险级别较高的则是：企业非常重视供应商，但其采购量只占供应商很小的份额，供应商根本不重视采购方。此类物料的供应风险是非常高的。

此外，对供应商绩效经过多次辅导仍无法得到改善的情况，企业也要针对其进行替代开发。因为，多次辅导仍无法有效改善绩效传达出两种信号：供应商能力受限，已经很难改善；供应商改善意愿薄弱，不愿意改善。这两种信号都是需要替代开发的信号。

4. 供应商替代的难易程度和收益

基于以上三个评价维度，企业已经可以分析出哪些品类的哪些供应商需要新开发或者替代开发，但在此时，企业仍需关注可替代难度和开发周期。

（1）对开发相对容易且重要性程度较高的供应商，应该速战速决，迅速组建开发团队，并尽快获取收益。

（2）对开发难度中等且重要性也中等的供应商，企业需要列好计划，待有资源时逐步解决。

（3）对开发难度最大、重要性较低的供应商，企业则可以结合资源的情况暂缓开发，但保持跟踪，以免演变到更坏的情况。

供应商开发的优先程度排序如图 2.3－1 所示。经过物料分析、风险分类、周期排序，企业就可以列出供应商开发计划，根据开发计划的排序制定开发计划周期目标，建立开发流程，组建开发小组，以项目的方式攻克难关。

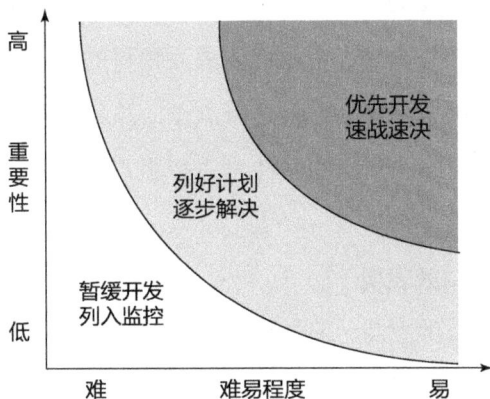

图 2.3－1　供应商开发的优先程度排序

2.3.3　开发计划的动态调整

供应商开发工作需要根据开发计划有序推进，但开发计划却不是一成不变的，企业需要编制一个反馈周期，如一个季度或者半年，对供应商开发计划进行跟踪反馈，并动态调整。

如果制订了开发计划之后，在前期一个月的市场考察和筛选中，企业发现没有满足供应商标准的候选供应商可以开发，那就需要及时调整方案，改为在研发环节重新选择或者培养现有供应商成为备用供应商。

与此同时，即使开发计划已经完成，企业能够降低其风险等级，也要将其列入日常管理，及时发现问题，进行调整。因此，开发计划的长期性和动态调整性，是供应商开发工作始终要坚持的原则。

就如前文提到的关键物料供应商开发周期长达两年半的案例，此类物料基本属于定制型的非标准化物料，其风险排序极高，因而被列入开发计划的高优先级。此时，企业首先要找到愿意合作的供应商，且对方的能力与企业需求相当，而企业的影响力又足以激励对方开发定制工艺，并且保障提供足够的产能，只有如此，该开发计划才能进行下去。在此过程中，开发难度也与内部相关部门的配合程度息息相关，任何一个环节出现问题，都可能导致前功尽弃。

因此，企业一旦制订了开发计划并进入实施阶段，就要进行严格管控和密切协同，将责任分配落实，并在内外协同中，确保信息及时沟通、问题及时处理、数据及时分享，从而实现开发计划的有序推进。

2.3.4 早期介入新品开发和项目开发

针对新品开发需求和项目制的供应商开发需求，采购部门可以早期介入，与研发设计或者项目环节建立畅通的沟通机制，及早了解研发设计和项目需求，通过日常的信息收集整理渠道进行资源储备，帮助研发设计环节缩短新品开发时间和上市准备周期，而不是被动地等待通知。

2.4 供应商开发流程

良好的开始，是成功的一半！供应商开发也是供应商管理的开始，保证供应商开发管理有效开展且风险可控，建立一个完整的供应商开发、评估、筛选与管理的框架性流程显得非常重要。

供应商开发步骤如图2.4-1所示。

图2.4-1 供应商开发步骤

（1）项目启动。

（2）需求及供应市场分析，即识别企业采购战略需求及供需分析。

（3）开发标准确定。

（4）长短名单搜索及筛选。

（5）供应商评估。

（6）开发结果确认。最终确认开发结果，提交评估报告。

2.4.1 项目启动

基于企业采购战略与品类供应要求，企业要结合市场供应状况成立供应商开发小组，该小组通常由采购、研发、生产、财务、品质等部门人员组成，依据开发要求，企业有时也会邀请市场专业人员甚至客户参与供应商开发工作。

项目和团队有大有小，企业无须严格要求较多职能部门的人参与，或一定要有正式的项目启动会，而应着眼于明确的项目目的、清晰的项目组成员职责，并确保小组成员的目标一致。如果研发的唯一目标是开发质量特别好的供应商，而财务只以成本控制为考量因素，则多数情况下，大家很难快速有效推进。因此，小组成员必须朝着一个目标，有共同的判断原则，同时又各司其职，关注自身擅长的领域，共同评估和开发出优秀的供应资源。

需要注意的是，邀请不同领域的人参与评估并不是指标的平均分配，而是在坚持供应链主要策略方向的基础上，力求多维度、客观地评估供应商。评估小组是跨部门、跨专业的综合性组织，目的是专业分工、优势互补，能够客观公正地对供应商进行评价。但是跨部门、跨专业的组织不可避免地存在本位主义，每个部门都觉得自己重要，每个人都觉得自己的专业更强，所以如果没有标准作为指导，就会存在谁强势谁的评价占比高，谁声音大谁的意见被采纳的现象。

2.4.2 识别企业采购战略需求及供需分析

针对采购项目，企业必须明确采购战略需求及市场供需情况，如此才能制定相应的采购策略，让供应商开发小组能够抓住重心。

1. 采购战略识别及需求分析

本书第1章1.5节详细阐述了企业竞争战略与采购及供应链战略的关系，在不同的战略定位下，供应商的开发和管理需求必然有差异，这是采购人员容易忽略而又异常重要的问题。

在某些采购品类的管理上，不同物料的采购需求是不同的。

针对螺丝钉等低值易耗品，企业很容易明确对供应商的需求，企业可以在标准化的前提下比价、比服务，无须区分供应链战略的差异，只需根据物料特点制订相应的品类策略及供应商开发标准。

但针对重要物料，由于其高价值、高影响度、高复杂度的特性，差异化竞争战略的思维和全局观就非常必要，只有如此，企业才能在实际工作中根据具体情况灵活应用。

某采购经理此前任职于某通信公司，负责包材类采购物品的采买，对该行业的资源、供应商的报价模式、物料的成本模型都非常熟悉和了解，而后他被猎头挖到某互联网公司负责同类别物料的采买。对他而言，新的工作似乎游刃有余。他首先将此前配合得非常优秀的供应商引入该互联网公司。但令他没想到的是，在合作过程中，供应商认为该公司对包材规则、颜色的要求不清晰，并且一直以无法满足该公司调性这种模糊的理由来驳回该公司的打样，而该公司开发部门也投诉该供应商能力较差、响应较慢。这令他格外费解：这家供应商已经跟他有过多年磨合，口碑非常好，现在怎么会出现如此大的差异？

经过观察和沟通他才发现，自己忽略了一个非常重要的因素，就是企业的竞争战略。通信公司更看重包材的质量和成本，而互联网公司在成本方面没那么敏感，更关心客户的体验，且该互联网公司由于没有相对成熟的实物供应链，其采购需求更加"感性"，很难落实到具体的规格描述上，这就需要供应商具有较强的理解能力和方案能力来支持，而不是长于产品的质量管控。后来他的采购团队重新寻源，找到一家专为互联网公司进行多品种、小批量供应的供应商，双方都很重视客户体验，有了战略方向的匹配和共性，后面就配合得非常顺畅了。

供应链在企业发展过程中的作用已经越加突出，而企业对采购和供应链的要求也在不断提升，"我需要什么样的供应链资源""什么样的供应链资源适合我"这两个问题是供应链从业人员需要理清和明确的。通过分析并回答"我是谁""我要谁"这两个问题，供应商开发工作可以有效承接企业竞争战略要求，并更具针对性、更有效率地找到适合的供应商资源，帮助企业构建竞争优势。

企业可以通过明确企业发展战略和发展方向、明确竞争优势、识别竞争需求三个步骤来找到答案。竞争战略需求识别流程如图2.4-2所示。

图2.4-2　竞争战略需求识别流程

（1）明确企业发展战略和发展方向。在一个规范、有序的市场环境中，企业要想在竞争中取胜、要想取得长远的发展，必须有一套清晰的战略。没有战略的企业通常只能着眼于现在，为短期利益而疲于经营，最终销声匿迹。战略源自组织的使命和愿景，只有先明确组织存在的根本理由和价值所在，预见并逐步清晰组织要达到的目标状态，才能制定出相应的战略。战略使企业明确自身需要搭建什么样的架构，需要建设什么样的文化，以及如何吸引和培养人才。

影响企业战略的因素一般有两个。

①愿景规划。使命、核心价值观和愿景是愿景规划的三个组成部分，也是一个企业最核心的部分。企业的使命和愿景始终指引着战略制定的方向，而核心价值观引导着战略的思考方式及执行策略。

②外部环境。外部环境包括宏观环境和产业环境。宏观环境分析主要是看当前的政策环境、经济环境、行业状况、生命周期等宏观环境对企业战略的影响；而产业环境分析则可以帮助企业分析竞争地位、竞争态势，厘清自己的市场地位和竞争要素、竞争需求。

宏观环境分析常用的工具是PEST分析，产业环境分析常用的工具是波特五力模型，后面会详细介绍工具的应用和分析维度。

（2）明确企业的竞争优势。竞争优势是指企业通过其资源配置的模式与经营范围的决策，在市场上形成的与其竞争对手差异化的竞争方向。竞争优势既可以来自企业在产品和市场上的地位，也可以来自企业对特殊资源的正确运用。一般来说，产品和市场的定位对企业总体战略来讲相当重要，而资源配置则对经营战略起着十分重要的作用。可以说明确企业战略就能知道前进和发展的方向和路径，而明确企业的竞争优势就可以聚焦并找到资源配置的方向。

企业竞争优势的方向主要有四个，即质量、成本、客户体验和创新。

在传统的竞争环境下，竞争优势一旦建立，可能维持几十年都不会变化。但是在 VUCA 时代的大背景下，企业很难长期维持和确保自己的竞争优势。因此在竞争加剧、客户需求多变的环境影响下，更多企业竞争优势的发展开始在原有优势方向上协同其他维度。当然，在协同维度上，根据企业战略需求不同，也会有不同的侧重，所以有的企业以质量为主要竞争优势，同时在竞争中逐渐加强对成本管控的要求，而有的企业开始逐渐提高对客户体验的要求。而只关注一个方向的竞争优势的企业越来越少，这类企业很难适应变化和驾驭不确定性，因此会逐渐丧失原有竞争优势。

（3）识别企业竞争需求。明确发展战略和方向、竞争优势后，企业就可以进一步明确自己的竞争需求。

以丰田公司为例，丰田公司在福特汽车大批量流水作业的基础上，创造性地提出了精益生产。精益生产的核心是消除一切无效劳动和浪费，它把目标确定在尽善尽美上，通过不断降低成本、提高质量、增强生产灵活性、实现无废品和零库存等手段确保企业在市场竞争中的优势，并且把这个核心理念发扬到企业运营的方方面面。精益生产有利于企业在成功定位并满足客户需求的同时取得市场竞争的成功，并成功构建差异化竞争优势。

丰田公司的精益文化是值得整个制造行业学习的标杆，丰田公司的竞争优势得益于其以精益理念构建的精益供应链。对于丰田公司来说，其核心竞争需求就是保证企业的竞争优势，保证企业的核心竞争力。如何将精益生产的思维和方式落实到产品设计开发、采购、生产制造、销售、售后服务的整条供应链上，以及企业运营的各个方面，是丰田公司一直思考和创新的基石。精益生产的理念延伸到供应链的方方面面和上下游的各个环节，因此在供应商开发和管理方面，丰田公司也深刻践行精益生产的思想和理念。

以上三个步骤的分析帮助企业认清自己，只有认清自己的"基因"、构造和运转方式，企业才能清晰地知道自己需要什么，进而有针对性地开发供应商。

2. 供应市场分析

知道自己需要什么后，企业就需要去了解市场，通过对供应市场的分析去回答"能不能找到匹配企业需求的资源"的问题。

供应市场分析一般从宏观环境、中观环境、微观采购等3个维度进行分析，这可以帮助企业全方位地了解和评估环境、市场、资源。

（1）宏观环境分析。基于采购战略的供应商开发，不能忽视其所处的宏观环境。宏观环境往往对供应链的规划和构建会有非常大的影响，决定了产业布局、产业转型、产能布局、自制外包等重要决策。供应商开发是构建供应链竞争力资源的重要环节，因此供应商开发原则和计划的制订也离不开对宏观环境的分析。如何进行宏观环境分析，推荐两个常用的分析方法：PEST 分析和SWOT 分析。

PEST 分析是战略咨询顾问用来帮助企业检阅其外部宏观环境的一种方法，常用于宏观环境的分析。

分析宏观环境因素时，不同行业和企业根据自身特点和经营需要，分析的具体内容会有差异，但一般都应对政治（Political）、经济（Economical）、社会文化（Social）和技术（Technological）这4 类影响企业的主要外部环境要素进行分析，称之为 PEST 分析，如图 2.4-3 所示。

①政治环境。政治环境包括一个国家的社会制度，执政党的性质，政府的方针、政策、法令等。不同的国家有不同的社会性质，不同的社会制度对组织活动有不同的限制和要求。即使社会制度不变的同一国家，在不同时期，由于执政党的不同，其政府的方针特点、政策倾向对组织活动的态度和影响也是不

断变化的。

政治要素：
世界贸易协定
垄断与竞争规范
环保及消费者保护
税收政策
就业政策与法规

经济要素：
商业周期
国内生产总值变化趋势
通货膨胀
货币供应与利率
失业与就业
可支配收入
原料、能源来源及其构成

影响未来的市场及
行业变化趋势

社会文化要素：
人口统计
收入分配
人口流动性
生活方式及价值观变化
对工作和消闲的态度
消费结构和水平

技术要素：
政府对研究的支出
政府和行业的技术关注
新产品开发
技术转让速度
劳动生产率变化
优质品率、废品率
技术工艺发展水平评估

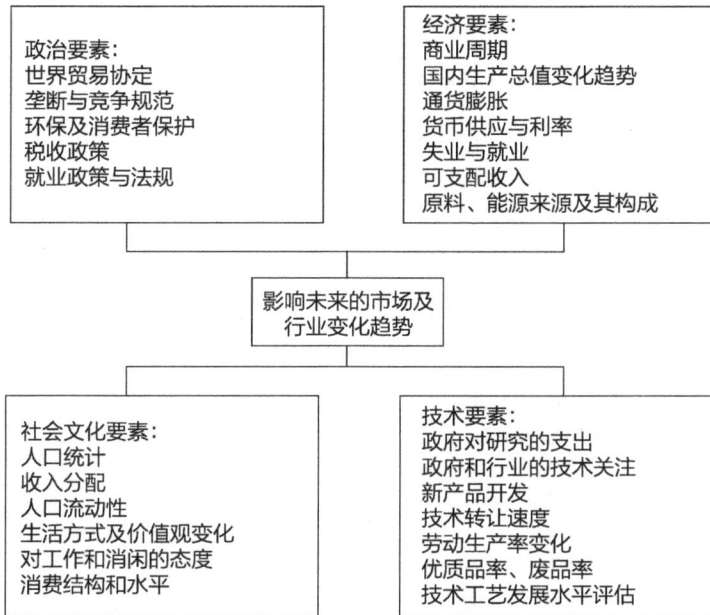

图 2.4-3　PEST 分析

②经济环境。经济环境主要包括宏观和微观两个方面的内容。宏观经济环境主要指一个国家的人口数量及其增长趋势，国民收入、国内生产总值及其变化情况，以及通过这些指标能够反映的国民经济发展水平和发展速度。微观经济环境主要指企业所在地区或所服务地区的消费者的收入水平、消费偏好、储蓄情况、就业程度等因素。这些因素直接决定企业目前及未来的市场大小。

③社会文化环境。社会文化环境包括一个国家或地区的居民受教育程度和文化水平、宗教信仰、风俗习惯、价值观念、审美观点等。受教育程度和文化水平会影响居民的需求层次；宗教信仰和风俗习惯会限制某些活动的进行；价值观念会影响居民对组织目标、组织活动以及组织存在本身的认可度；审美观点则会影响人们对组织活动内容、活动方式以及活动成果的态度。

④技术环境。技术环境分析除了要考察与企业所处领域的活动直接相关的技术手段的发展变化外，还应及时了解国家对科技开发的投资和支持重点，企

业所处领域技术发展动态和研究开发费用总额，技术转移和技术商品化速度，专利及其保护情况等。

　　来自麦肯锡咨询公司的 SWOT 分析，包括分析企业的优势（Strengths）、劣势（Weaknesses）、机会（Opportunities）和威胁（Threats）4 个维度，如图 2.4-4 所示。因此，SWOT 分析实际上是对企业内外部条件进行综合和概括，进而分析组织的优劣势、面临的机会和威胁的一种方法。

优势（Strengths）	劣势（Weaknesses）
有利的竞争态势 充足的财政来源 良好的企业形象 技术力量 规模经济 产品质量 市场份额 成本优势 广告攻势等	设备老化 管理混乱 缺少关键技术 研究开发落后 资金短缺 经营不善 产品积压 竞争力弱等
新产品 新市场 新需求 外国市场壁垒解除 竞争对手失误等	新的竞争对手 替代产品增多 市场紧缩 行业政策变化 经济衰退 客户偏好改变 突发事件等
机会（Opportunities）	威胁（Threats）

图 2.4-4　SWOT 分析模型

　　通过 SWOT 分析，企业可以把资源和行动聚集在自己的强项和有最多机会的地方，并让企业的战略变得明朗，企业也可以用这个方法来分析供应商的市场地位和竞争地位情况。

优劣势分析主要是着眼于企业自身的实力及其与竞争对手的比较，而机会和威胁分析将注意力放在外部环境的变化及其对企业可能的影响上。在分析时，应把所有的内部因素（即优劣势）集中在一起，然后用外部的力量来对这些因素进行评估。

①优势，是组织机构的内部因素，具体包括：有利的竞争态势；充足的财政来源；良好的企业形象；技术力量；规模经济；产品质量；市场份额；成本优势；广告攻势等。

②劣势，也是组织机构的内部因素，具体包括：设备老化；管理混乱；缺少关键技术；研究开发落后；资金短缺；经营不善；产品积压；竞争力弱等。

③机会，是组织机构的外部因素，具体包括：新产品；新市场；新需求；外国市场壁垒解除；竞争对手失误等。

④威胁，也是组织机构的外部因素，具体包括：新的竞争对手；替代产品增多；市场紧缩；行业政策变化；经济衰退；客户偏好改变；突发事件等。

在评估供应商的时候，可以用 SWOT 分析模型对供应商进行比较全面的分析，由此做到对供应商系统、全面的了解，为确定开发策略做好基础分析工作。

在应用 SWOT 分析时要注意，优劣势和机会、威胁都是相对的，随着各种影响因素的变化和相互作用，优劣势可能发生转化，机会和威胁也可能发生转化，所以要动态地评估，而不能将一次评估结论作为长期策略的制定依据。

案例：沃尔玛的 SWOT 分析

1. 优势（Strengths）

沃尔玛以物美价廉、货物繁多和一站式购物而闻名。

沃尔玛的销售额在近年内有明显增长，并且在全球范围内进行扩张。沃尔玛的一个核心竞争力是由先进的信息技术所支持的国际化物流系统。例如，在该系统支持下，可以清晰地看到每一件商品在全国范围内的每一家卖场的运输、销售、储存等物流信息。信息技术同时也加强了沃尔玛采购过程的高效运转。

沃尔玛（纽交所股票代码：WMT）和我国最大的自营电商企业京东（纳斯达克股票代码：JD）宣布达成一系列深度战略合作，通过整合双方在电商和零售领域的巨大优势，为我国消费者提供更优质的商品和服务。沃尔玛与京东双方宣布在电商、跨境电商、O2O 等领域的合作取得了多项重要进展，将携手为我国消费者提供更丰富的海内外优质商品、更便捷高效的物流服务。

沃尔玛一直在我国市场积极开发和推广沃尔玛"自有品牌"，推出"质优价更优"的自有品牌商品，覆盖了食品、家居用品、服装、鞋类等主打品类。自有品牌商品的生产厂家都经过严格的审核和商品检测，确保每件商品都拥有领先同类品牌的优良品质；同时，自有品牌商品均由生产厂家直接生产，减少了中间环节，使售价比同类商品更具竞争力。

2. 劣势（Weaknesses）

沃尔玛的业务板块很庞大。尽管各国、各地区在信息技术上拥有优势，但其巨大的业务拓展范围，可能导致对某些领域的控制力不够强。因为沃尔玛的商品涵盖了服装、食品等多个品类，比起更加专注于某一领域的竞争对手，各国、各地区可能在适应性上存在劣势。

由于沃尔玛是向全球各国、各地区的供应商采购货品，而各国、各地区的语言文化、价值观、风俗习惯的差异无不是全球采购中的障碍。沃尔玛容易将美国本土的语言文化等照搬到海外各国、各地区，这必将对全球采购产生消极的影响，导致全球采购活动的失败。

3. 机会（Opportunities）

沃尔玛采取收购、合并或者战略联盟的方式与其他国际零售商合作，专注于欧洲或者大中华区等特定市场。

沃尔玛现在拥有世界上先进的信息系统，是全世界零售业中最早一批使用信息化管理的企业。当今社会处于信息化时代，全球化的不断深入给信息化企业提供了一个绝好的机会。沃尔玛利用其先进的信息系统可以提高企业内部的运转效率。同时，沃尔玛建立与全球供应商的数据共享将进一步有利于双方物流的高效、低成本管理，并促进双方的友好合作。

在技术、经济高度发达的现代社会里，沃尔玛可以充分掌握信息技术和商务规则，系统化地运用电子工具，高效率地从事以商品交换为中心的活动，即电子商务。沃尔玛通过电子商务可以更加便捷地获取全球各国、各地区的供应商的商业信息，获得国际市场的第一手信息，并能够根据市场行情的变化及时调整企业运转方式，以获得更大的效益，提升市场竞争力。同时，网上交易可以为沃尔玛节省许多商务费用，降低交易成本。

4. 威胁（Threats）

沃尔玛在零售业的领头羊地位使其成为所有竞争对手的赶超目标。其全球化战略使其可能在其业务国家遇到政治上的问题。

沃尔玛一直以强硬、令人生畏的形象出现，尤其是对于全球供应商而言，其在对待供应商的问题上态度坚决、毫不相让。因此，在沃尔玛进行价格决策时，总有供应商抱怨价格过低。这是存在潜在危险的，供应商可能会出于价格原因联合反抗，这会为沃尔玛带来巨大的负面影响和打击。

用于宏观环境分析的工具还有很多，不同工具的目的是一样的，就是帮助企业从不同的维度全方位地分析宏观环境，不同维度的设计就是为了从更加全面的视角去看待市场、看待环境，不因个人或者组织的片面、主观的分析影响全局和高度，使分析结果能对正确决策产生正向加强效应。

（2）中观环境分析，即行业市场分析。在中观层面，企业需要分析所处行业的供应市场。

行业供应市场影响采购什么物资、在哪里采购、什么时候采购、如何采购等重要决策，也影响企业找到与自己相匹配的供应商资源。所以采购员不仅要了解供应市场，还要精准分析供应市场，以便准确判断供应市场，制定合理的供应商开发策略和可靠的供应策略，从而使企业的采购工作风险最低、综合成本最小。

供应市场结构分析包括竞争分析和细分市场风险分析两个环节，从供应市场结构分析入手，一般分为两个步骤。

①竞争度分析。经典营销学把市场分为四种：完全垄断市场、寡头垄断市场、垄断竞争市场和完全竞争市场。从定义上可以看出各类市场垄断度和竞争度的区别，也可以看出在不同的市场中，供应商开发的难度和对策有很大的

不同。

完全垄断市场中没有竞争者，只有一个供应商。对于这种供应商谈不上评估和开发，如果企业必须用，那就只能听对方的，与之维护好关系。

寡头垄断市场中竞争者很少，就两三个供应商。对于这种供应商的开发，企业就要根据自己的规模去评估，不一定要选择最大、最好的供应商，可能评估结果排第二或者第三的供应商跟企业的合作意愿更强烈，这样企业相应的管理要求和需求也能够得到响应和满足。

以上两类供应商的开发和引入一定要超前，不能等到用的时候才去开发，因为这两类供应商不大愿意按企业的规则合作，更多的是企业需要调整自己的规则去适应对方。而且这两类供应商一般也属于技术领先、市场独占型的，所以选择这两类供应商时，企业一般要与其达成长期战略合作。因为这两类供应商很难被替代或被更换，所以就更要花工夫和资源在这两类供应商身上。

垄断竞争市场中可选择范围相对大些，可以说有一二十个供应商可供选择，但是综合考虑成本、响应速度、产能、质量、服务、技术创新等各方面因素后往往可选择的范围会缩小很多。这个时候企业一定要非常清晰地知道自己想要什么、可以妥协什么，对自己的需求越清晰，越有助于找到与自己相匹配、适合自己、优势互补的合作伙伴。也就是说，对于这类供应商的开发、评估，原则和指标体系的设计就更要慎重和科学合理。这类供应商的特性决定着这类供应商占据绝大多数企业的重要比例，也是企业供应商开发工作的重要对象。对此类供应商的开发可以说越知己知彼，就越能够高效率、高质量地达成开发目标。

完全竞争市场中产品同质化严重，有很多供应商可供选择，例如劳保用品、通用耗材、办公用品这些类别，一般企业不会在这些类别供应商的开发工作上耗费太多的资源和时间，有需要的时候再去找也很容易。对这些类别供应商的开发一般会关注价格、零库存的配送服务、供应商管理安全库存、自动补货、事后结算等能降低综合成本的指标，也会通过渠道商整合降低采购执行和管理复杂度。所以很多企业会选择中间商、渠道商作为开发的主要对象。

②竞争结构分析。竞争结构分析是综合考虑买卖双方的竞争度，利用交叉维度进行综合评估得出供应市场竞争分析结论的方法。其将卖方和买方分别分为一个（垄断）、很少（寡头）和很多（竞争）三种情况，也就是共有九种竞争结构。企业可以针对九种竞争结构分别制定不同的供应商开发和管理策略，如表2.4-1所示。

表2.4-1 竞争结构分析

卖方 买方	一个（垄断）	很少（寡头）	很多（竞争）
一个 （垄断）	双边垄断 （特殊备件）	卖方有限垄断（燃油泵、独家原料）	卖方完全垄断 （水、电、煤气）
很少 （寡头）	买方有限垄断 （交换机、高铁）	双边寡头垄断（化学半成品）	卖方寡头垄断 （钢铁、石油） 垄断竞争 （复印机、计算机）
很多 （竞争）	买方完全垄断	买方寡头垄断（汽车部件、集团采购）	完全竞争 （粮油、办公用品、水暖管件）

由于市场是动态发展变化的，所以企业需要定期或不定期做供应市场分析，随时把握供应市场现状，为提高供应商开发效率和提高采购工作效率打好基础。

（3）微观采购分析，即对采购对象进行分析。在宏观层面和中观层面的分析之后，也需要聚焦在微观层面的采购对象具体分析。企业物料服务数以千计或者万计，很多平台型企业更高达十万以上，哪些物料和服务需要开发供应商资源，这是需要科学合理地分析、判断的。

通过品类分析，可以清晰地分析出不同品类物料的需求。企业往往会根据品类构建供应链，不同品类的客户需求不同、物料特性不同，供应链架构和资源配置方式也会有所不同，对供应资源的要求和对供应商特性的要求也就有所不同，比如对沃尔玛的生鲜品类和办公用品品类的供应商要求就完全不同，因此选择和开发供应商的原则和标准就会有所不同。因而要知道"谁适合我"，首先要对采购物料进行品类分析，确定不同品类的供应商要求和需求。

对采购类别的有效分析有助于建立有效的供应商选择方法和采购方法。不同企业采用的分类方法各有千秋，如制造型企业大致可以将物料分为生产性物料和非生产性物料。

非生产性物料又可以细分为能源、服务、设备、耗材、备品配件（专用、通用）、劳保用品等很多类别。

生产性物料往往根据物料属性划分。例如，在食品和日化、医药行业就会分为包装、原辅料，根据风险等级，包装又分为外包装和内包装等；在电子行业会分为结构件、电子件，结构件又分为塑胶件、五金件、包装材料、辅料等不同类别，电子件又分为阻容感、存储器、摄像头、线材等各种类别。合理地划分物料的类别，企业对各类别物料的供货标准、可接受限度、供货方式等就会一致而且清晰，相应地，对供应商的要求和开发标准也可以相对统一。

进行了物料的品类划分后，如果这一类物料的复杂度仍然很高，不足以用一套标准和原则去涵盖，就可以继续分类，直到这一类物料的要求和原则一致就可以停止分类。

例如在制药行业，将包装按风险等级分为内包装和外包装，选择内包装供应商的一个通用原则就是有净化厂房，在净化厂房内组织生产，并且有满足 **GMP** 的生产管理体系，也就是首先供应商要满足制药企业对内包装的生产要求，才有资格进入选择的行列。内包装又可分为容器类、软包类等，但对内包装的供应商开发和选择标准原则是通用、一致的。

不同的行业有不同的特性，不能用一套分类标准去涵盖所有的行业。每个企业可以根据自身要求、行业特性、品类特性进行分类原则的设定，一个大的原则就是分类的结果可以让企业用一套通用标准和原则去管理和开发供应商。这样在针对具体物料的供应商开发中，就可以非常清晰、快捷地制订标准和原则。

3. 供应风险分析

明确了需要开发的物料，就需要对物料的供应风险进行分析，以进一步明确从什么市场、什么渠道、采用哪种方式去开发。供应风险分析有助于降低风险，提高开发工作的成功率和效率，同时也是采购决策必须重点考虑与分析的内容。一般在对新供应商评价、选择认可之前就要做这件事情。在开发阶段的风险识别和预防可以有效地避免和降低后期的合作风险和供应风险。本书在第5章对供应商风险管理进行了系统的梳理和总结，针对供应商开发阶段的风险分析，这里仅做简单的要点陈述。

（1）供应商选择阶段，主要关注客观风险和主观风险。

①客观风险。从3个方面关注客观风险。

通过宏观环境分析关注政策风险、战略规划风险、税务风险等。

通过中观环境分析关注垄断风险、竞争风险、行业风险等。

通过微观环境分析关注文化匹配风险、战略承接风险、能力匹配风险、需求匹配风险等。

②主观风险，包括供应商主体和资信维度可能存在的主体和状态合法性风险、营业范围风险、经营状态风险、法律诉讼风险和财务风险等，以及评价人员主观偏好可能带来的合作风险和道德风险等。

（2）供应商开发评估阶段，主要关注内部风险和外部风险。

①内部风险，如战略匹配性风险、计划性风险、专业性风险等。

②外部风险，如供应商之间的竞争关系风险、合作意愿风险、供应能力风险等。

（3）合同拟定及签署阶段，主要关注条款拟定风险和签署阶段风险。

在对供应商开发风险进行识别后，就需要对风险进行评估，其步骤如下。

①调查表格设计。首先将供应风险内外部指标确定为调查表格中的一级指标。进而细分出二级指标，在二级指标的基础之上又可细分出众多易获得数据的三级指标。

②企业供应风险识别指标体系的构建。先对所确定的一级指标体系中的指标进行简单的定性分类，使每一类指标都大概反映企业供应风险的某个方面，再以此为基础对每一类指标进行主成分分析，以选出的主成分作为新的分析变量，以企业在各个主成分上的得分作为新的分析数据再进行因子分析。通过因

子分析，找出影响企业供应链风险的几个主要因素（因子），并以此作为构建企业供应风险最终评价指标体系的依据。接下来，计算出企业在每个因子上的得分，将其作为判断企业在某个方面的供应风险的标准，再以每个因子的贡献率作为权数，得到加权因子得分和，将其作为评价整个企业供应风险的标准。

2.4.3　搜索潜在供应商的二十五种渠道

随着经济全球化的进程，在激烈竞争的市场环境下，各国企业正面临着更激烈的市场竞争和资源抢夺，那么采购如何能在市场竞争中，通过更广的供应商搜索渠道，帮助企业快速找到更具优势的供应商资源，提升供应链的竞争力呢？

方法一般没有对错，适用最好，关键是在实际工作中能够灵活运用，帮助自己快速解决问题，以及有计划地建立信息库和渠道库，让自己在需要的时候能够快速找到目标。

供应商资源搜索环节的关键在于搜索渠道的拓展，狭窄的供应商搜索渠道不利于企业选择与自身相匹配及具有竞争力的供应商，这里分享二十五种供应商搜索渠道，大家可根据企业实际情况进行选择。

1. 互联网

互联网是最经济、最快捷、最简单，也是目前运用最广的途径，无论是搜索引擎，还是各类专业的 B2B（Business-to-Business，企业对企业电子商务）网站、网络展销会，甚至当下的各种新媒体，都可以用于供应商开发。互联网改变了传统供应商开发模式及合作模式，但由于网络的虚拟性及互联网的逐利性，因此必须要注意风险管理，同时通过其他手段补充认证，避免因互联网虚假信息而选择劣质的供应商渠道，影响企业开发供应商。

某公司是一家台资企业，成立 20 多年，专注于电源研发和生产技术研发，专业生产各种规格的电动车充电器及电源适配器，适用于电动自行车、电动滑板车、电动摩托车、电动高尔夫球车等，以及生产笔记本电脑、液晶显示器、DVD 产品等。该企业采购管理规范制度相对较完善，在 2019 年 11 月 15 日，采购小王接到研发部申请的新产品需求——IC SC8903 QFN-40 电子物料需求。该企业目前的供应商都无此产品,但现在急需要开发此物料的供应商送样测试。

可用以下方式解决。

(1) 打开搜索引擎搜索 "IC SC8903 QFN-40",查到是 "×××公司产品集成 SC8903 同步四开关降压升压转换器"。

(2) 查×××公司官网,确认联系方式×××。

可根据企业自身用量,确认是否要求原厂直供,并进行后续样品采购流程。

(3) 若企业自身采购量有限,可要求原厂介绍正式的供应商 A(官网可查询),如此可以确保后续采购渠道,控制采购风险。

(4) 原厂介绍供应商后,方可了解相关信息,可申请样品测试,要求现场商务沟通,并安排原厂与供应商进行技术交流。

通过以上方式可以搜索到安全可靠的物料供应商,也解决了采购小王的供应商开发困扰。举一反三,企业可以用互联网搜索方式解决不同类型物料及供应商开发的问题,总之其是目前各行各业用得较多的一种高效的搜索方式。

2. 资源关系网

资源关系网目前也是大家常用的搜索渠道,基于资源的集聚性,企业主或采购人员动用自身资源关系网(行业产品平台、采购资源群等),也可以寻找相关且优质的供应商。

资源关系网是便捷的供应商搜索渠道,也就是"朋友圈"。

例如,A 公司是一家专业生产开关电源的加工厂,品牌全部由客户指定,不能轻易变更客户物料清单中的品牌。其中 MOLEX 连接器要求为 3092032 与 2091104 两款型号,采购人员呈报的价格是目前现有供应商的报价,但报价单被退回并批注重新议价,要求采购人员重新开发新供商。

这时采购人员想到上次加入了某采购资源群,故立即在群里发出资源需求,不到一分钟,不同公司的采购人员立即推荐资源,很快解决了这个问题。类似的资源关系网有很多,大家都可以利用。

3. 竞争对手供应商

正所谓"知己知彼，百战不殆"，紧盯行业竞争对手，从竞争对手的产品中分析物料品牌、供应商资源，同样也是目前常用的方法。该方法主要针对各行业中市场占有率高的较强竞争对手，企业可以结合自身实际条件与供应商合作，提升竞争力。

X公司成立于2009年，是国内LED智慧驱动电源领军企业，致力于LED照明智能驱动、太阳能控制器、集中控制系统等新能源产品的生产与销售。在供应链系统物料采购中，该公司也有较为稳定的供应商，但是同样需要不断优化供应链、降低采购成本，以满足公司发展的需求。

其研发、销售的产品将会与竞争对手B、C两家公司对标，故采购部从物料品牌与供应商等方面对竞争对手的产品进行了分析。

（1）分析产品，确认关键物料品牌及其供应商（电子物料及磁性器件）。

（2）分析产品外壳的生产工艺（表面处理及尺寸结构）。

（3）分析产品内部集成电路设计方案（正常情况下，每家的方案不一致，仅作为参考）。

（4）根据以上分析可搜索到竞争对手的供应商，根据企业自身条件，择优选用。

4. 国内外产品展会

展会是很多企业提升品牌力的一种方式，也是职业国际采购人员开发供应商的标准模式。一般传统的企业采购人员也会参加很多展会，获得供应商开发渠道，如广州国际照明展览会、深圳高交会家具展等。

如在2019年6月9日举办的第24届广州国际照明展览会，有两千多家企业参展，有相关产业链需求的企业都可以参展，同时采购人员也可参加展会，现场了解并搜索相关的供应商资源。

5. 招标采购

采购人员可通过招标公告的方式，利用招标平台或其他公开渠道向社会公开发布采购需求，吸引潜在供应商参与，通过法定的招标程序进行评估，选择合适的供应商。这是一般上市企业、国企及大规模的企业与政府采购用得较多的一种供应商开发渠道。但招标采购不是所有物料都适用，其适用于一次性采购或者有清晰明确的标准且潜在供应商较多的物料采购，以及对采购周期的要求不是非常紧迫的物料采购。通过招标采购开发供应商，一定要有清晰明确的供应商资质评审要求，并且要求供应商提供相关的资质证明文件，以证明其资质能够满足企业的要求。如果开发的新供应商成为中标供应商，也要注意后期管理和风险控制。

6. 企业网站及微信公众号平台宣传

通过市场宣传的方式，企业在企业网站及微信公众号平台公布自身的采购需求，授权相关方进入采购平台对接接口并提供相关企业资质，以吸引潜在供应商报价，也是目前常用的一种搜索渠道。

7. 厂商介绍

采购人员每天会遇到大量主动电话联系或上门推荐的销售人员，这有利于企业对供应商的信息进行初步了解。因此，采购人员不要排斥这种方式，应该做好相关记录，这也是采购常用的开发供应商的渠道。

8. 国内外行业协会

随着市场竞争越来越激烈，很多行业都会成立行业协会，以整合资源、携手共进。行业协会掌握了大量同类企业的名录，并掌握了相关企业的经营状况，企业可借助行业协会选择优质供应商。

9. 电话簿

资深的采购人员对此应该深有体会：当年曾使用的一种寻找供应商的渠道——电话簿，如厚厚的一本黄页、企业名录等，同样可以帮助企业找到供应商信息。

10. 内部员工

企业内部员工介绍供应商也是采购人员经常会碰到的，当然这就要求采购人员坚持公平公正的原则，选择具有竞争优势的供应商，避免因内部关系使供应商开发标准执行不到位。

11. 竞价

企业通过竞价的方式，选择符合企业自身要求的供应商，制订订单份额管理策略，吸引供应商参与竞争，选出最佳供应商并分配订单份额。

12. 供应商介绍

采购方可向已合作的供应商寻求资源推荐，这也是一种搜索渠道。

13. 供应商调查表

采购方要求供应商填写供应商调查表时，可要求供应商填写其自认为的竞争对手，采购方可根据相关信息开发供应商。

14. 国内外采购指南

一般具有专业特性的采购传统媒体至今仍然适用，特别是在某些专项领域，如钟表行业、纺织行业、石油行业、照明行业等，都有其领域内的采购指南刊物，企业可参考其选择供应商。

15. 国内外产品发布会

采购人员应经常关注产品发布会，因为品牌影响力大的企业经常将此作为市场推广方式，如苹果公司、小米公司、华为公司等企业都会有类似的产品发布会。

16. 国内外新闻媒体（报纸、杂志、广播电台、电视等）

这些具有传统色彩的媒体，仍然是某些专业领域或垂直细分领域获得供应商信息的一种渠道。

17. 国内外商会

目前，大多数企业都会参加商会，其中汇聚了以行业或者地区为代表的优秀供应商，如四川商会、江西商会、湖北商会等。

18. 政府组织的各类商品订货会

由当地政府组织的或者带有政府特色的商品订货会，一般具有国家特性或区域特性及文化特性，企业可以根据自身情况参加，寻找合适的供应商。

19. 政府相关的统计报告和刊物

政府每年的相关统计报告和刊物也可用于寻找优质的典型代表供应商。

20. 专业的第三方机构

第三方采购或第三方信息平台，有大量的供应商资源可供企业选择。甚至对于企业的一些个性化采购需求，第三方机构也能做出合适的推荐。这也是目前较为常用的一种开发方式。

21. 竞赛

在一些细分领域，采购方可通一些竞赛的方式，吸引供应商参与，再从中选择自己中意的合作者。如吉祥物设计大赛、各种电视选秀节目、汽车车型设计大赛等。

北京 2022 年冬奥会将在北京和张家口举办，官方也启动了北京冬奥会吉祥物的征集工作。

北京 2022 年冬奥会吉祥物征集时间为 2018 年 8 月 8 日到 2018 年 10 月 31 日。北京冬奥组委会从北京时间 2018 年 11 月 1 日开始对所有的 5 816 件应征方案进行形式审查，最终评选出 10 件入选设计方案。

经过吉祥物设计方案修改专家组多次组织研讨，指导吉祥物入选设计方案原作者对入选方案进行修改，最终选出广州美院设计团队的设计作品"冰墩墩"为吉祥物。

22. 在线商品交易所

一些物料采购市场形成了成熟的在线商品交易所，企业可登录这些平台寻找供应商。

23. 定制

当产品的个性化需求特殊、需求量大时，因为很难找到专门的供应商生产，故采购方可考虑通过有能力的供应商定制。

24. 客户的供应商

该方式多用于代工生产，采购方可借助客户的供应商渠道，寻找到供应源头，整合优化，找到适合自身的供应商。

25. 产品批发市场

这种方式针对一些细分行业领域，如服装行业，采购方可通过产品批发市场寻找到产品供应商。

当然，在全球化竞争背景下，随着信息技术与大数据的出现，供应商开发也有了更多的渠道，从而也更加考验采购供应链人的智慧，且供应链资源整合尤为重要。

所以，作为供应商开发的基础工作，采购人员日常的信息渠道梳理及信息的收集、整理、分析就显得非常重要。这部分工作做好了，在遇到开发需求时就能够快速找到开发对象和资源渠道，迅速进入实质性的开发流程，而不会如大海捞针似的浪费宝贵的时间。

2.4.4 供应商开发标准建设及原则

知道自己是谁、需要什么后，企业接下来就要解决"谁适合我"的问题，通过一套评估标准和评估方法在茫茫人海中找到那个适合的"他"。开发标准要尽量遵循以下原则。

1. 建立供应商开发标准应遵循的原则

（1）简明科学性原则。供应商评估不能要求"大而全"，标准简明且具有科学性不仅可以提高效率，而且更有针对性，建立标准时抓住重点才能尽快甄别和选择适合企业的供应商。

（2）灵活可操作原则。市场状况瞬息万变，供应商的情况也是千差万别的。企业只有制订可操作性强、针对性强的评审方案，才能有效地落地实施，否则评审就会流于形式，或者变成纸上谈兵。例如对于一些大型供应商，企业想要按照自己的评审标准去评审，但对方可能根本不会理睬；还有些垄断型的供应商、行业领先的供应商，在企业自身体量和话语权都还不能引起对方重视的时候，单方面想着制订一套评审标准去评审对方，也可能会碰壁。所以，评审标准不是一成不变的，一定要具有可操作性，当不能直接评审时，可以想其他办法间接达到评审的目的。

（3）与时俱进原则。企业的需求在变，组织自身也处在不断学习、不断进步、不断提升的过程中。企业必须以变应变、与时俱进，不断改善和优化工作方式、工作流程。所以，供应商评审不应具有一成不变的标准或者一成不变的流程，也要根据变化去调整和优化，以最低的资源投入、最高的效率帮助企业构建具备竞争力的供应商资源池。

2. 供应商开发标准建立

企业在评估供应商时，最基本的评估标准一般会涵盖 Q、C、D、S 这 4 个维度，也就是质量（Quality）、成本（Cost）、交付（Delivery）与服务（Services），根据行业特性的不同、企业要求的不同，在这 4 个基础指标上还会增加财务状况、安全状况、社会责任、创新开发能力等很多指标。但是不管用什么指标去评审，都需要建立一套评估标准，用于指导和建立评估工作的流程，用结果说话，用数字说话。

供应商管理体系是供应链运营体系的一个部分，所以，要能有效地支撑供应链战略承接企业的竞争战略。供应商评估标准是能有效传递企业价值观的信息流，因此供应商评估标准的建设要能够有效地体现企业的竞争战略导向。

举例来说，企业以客户体验为竞争战略导向，构建柔性供应链。支撑柔性供应链运营特性的供应商应该具有较强的创新力、较高的服务响应性，为此，在供应商评审标准中就应该体现对这些因素的高关注度。再如，企业以成本控制作为竞争战略导向，构建精益供应链。支撑精益供应链运营特性的供应商应该能够与企业高度集成，通过精益模式不断优化成本和效率，实现供应链总成本最低，以领先市场、取得竞争优势，为此，在供应商评审时就会突出成本控制能力和精益改善优化能力的评估权重。这样的评估标准才能有效体现企业的价值观和竞争战略导向；用这样的评估标准开发、选择的供应商，才是真正与企业相匹配的合作伙伴。

在制订评估计划时，很重要的环节就是确定评估要素。不同采购频率、不同特性的物料的采购要求是不同的。例如，企业买一辆汽车和买生产性的原材料，对供应商的要求就完全不同。因此，不能用相同的评估要素去评估不同的物料备选供应商。根据采购特性，可将评估要素分为一次性采购和重复性采购两种情况。

（1）一次性采购供应商开发评估要素。一次性采购，顾名思义就是没有周期性需求和长期需求计划的物料或服务的采购。例如一次促销活动的舞台搭建方选择，某公司新建办公楼需要采购一批办公家具，都属于一次性采购。

一次性采购的供应商评估不会对供应商进行复杂的认证，评估要素一般以效率为先，旨在尽快选择出最合适的供应商执行采购合同，完成本次任务。

一次性采购的供应商开发评估要素以效率为先，基于需求方合理、具体、明确的需求进行评估。

①评估内部需求。采购人员需要充分了解内部客户的需求，并对需求内容逐一进行确认和评估。例如生产部门需要买一台包装机，采购部门就需要首先确认这台包装机的需求是否经过审批，需求是否合理；然后确认性能要求、包装速度、包装形式、需要哪些检测和控制环节、是否需要暂存站、对包装材料有没有具体要求等性能指标和安全性指标；最后需要确认交货时间要求和调试要求，以及后期的备品备件和保质期要求等。

对所有的要求都需要逐一明确，越详细越好。明确需求后，采购部门会搜索潜在供应商，一般来说会初步判断一下这是通用设备还是非标定制设备，国内供应商是否能满足条件，是否需要寻找国外供应商等，确定一个搜索范围。然后准备和发布采购需求。可以用多种方式发布采购需求，如通过内部网站、外部网站、电话、招标平台、第三方采购平台等发布采购需求。

②供应商分析和确定。根据收到的采购需求回复进行供应商的比对和分析，确定技术、品质及服务满足要求的供应商。

在确定合作方—签订合同—执行合同的过程中，企业一般会选择两家以上的备选供应商进一步进行谈判，以取得更好的合作条件，然后确定最后的合作方，拟定商务条款，签订合同并执行。

一次性采购供应商开发评估要素如表 2.4-2 所示。

表2.4-2　一次性采购供应商开发评估要素

原则	评估要素	关注点
效率	评估内部需求	①需求合理性确认 ②明确需求细节 ③需求关键点（时间、标准、品质、预算……）确认
	供应商分析和确定	①搜索潜在供应商 ②发布采购信息 ③根据回复进行比对分析，谈判、评标 ④确定供应商，签订合同，履约

（2）重复性采购供应商开发评估要素。重复性采购就是有周期性需求、需要多次重复购买的物料或服务的采购。例如生产性物料，只要企业的产品在市场上正常销售，企业在正常生产这种产品，这种产品物料清单上的物料的采购就属于重复性采购。非生产性物料里的办公用品、IT耗材、水暖管件、劳保用品，凡是属于通用品的也属于重复性采购的范畴。可以说重复性采购是企业采购中占比最高的类别，各种供应商管理策略也基本上是针对这类物料供应商而言的。

这类供应商是企业供应链竞争力的主要构成资源，因此企业会更加关注这类供应商的能力和竞争力。这些能力构成了供应商认证评估和日常评估的重要因素，分为七大要素。

①技术研发能力。企业的创新能力决定了企业的生存和发展空间。现代供应链管理更加关注与供应商的协同，将供应链向上下游延伸，将供应商视为企业的一分子，将供应商的能力视为企业竞争力的重要组成部分，因此企业也会更加关注供应商的技术创新能力。企业一方面需要借助供应商的创新能力与自己形成优势互补、强强联合；另一方面也需要供应商跟上企业发展变革的步伐，快速迭代。这些都一定程度地体现在供应商的技术研发能力上，因此，越来越多的企业将技术研发能力列为供应商开发的重要评估要素。

以丰田公司为例，其一级供应商完成的零部件开发的占比高达88%，欧美企业相应的占比为69%，因此，丰田公司的零部件设计工时仅占总工时的7%左右，其他欧美企业普遍在29%左右。

一般而言，对技术研发能力的评估有 4 个要素：现有专利、新品研发速度、研发团队资历、研发投入。针对每个要素又可以细化出不同的评估指标和评估内容。每个企业可以根据自己关注的方面去设计。

②生产制造能力。生产制造能力是重要供应商评估的核心要素，很多开发需求就是为了降低供应风险、解决产能问题而产生的，因此，关于生产制造能力的评估主要关注生产能力和生产设备。

生产能力有不同的评估口径，有的以月产能为统计指标，有的以每天 2 班、每周 6 天、每月 20 天、每年 200 天计算产能。但是除了产能数据，还要关注数据背后的信息，那些可能才是影响真实产能的信息，才是对企业真正有用的信息。

一般关注的信息有以下几种。

1）最高产能和目前产能。关注余量和增长空间，以及供应商可以为企业提供和预留的空间。

2）客户占比、产能分布是否均匀。关注是否一两个大客户占据了供应商的大部分产能，如果是，在这种情况下企业的订单可能不被重视，甚至供应商可能会为了满足大客户的订单波动需求而放弃你的企业的订单。

3）产能平衡。关注是否存在瓶颈工序，而供应商未暴露瓶颈工序对产能的制约。订单的增长空间会受到瓶颈工序的制约，所以关注产能平衡可以帮助企业发现背后的问题。

4）信息化程度。关注供应商对生产系统的数据采集和反馈是系统完成的还是人工完成的。信息化程度在一定程度上制约着产能的有效释放和产能的提升。

随着工业化的进程，设备取代人工，自动化程度不断提高成为制造业的趋势。因此，在对供应商的生产制造能力进行评价时，生产设备成为评价的重要要素。

一般来说，对生产设备的评价要素会重点关注以下内容。

1）设备的数量和规模是否匹配。

2）设备的先进性、自动化程度。

3）设备布局是否合理，按工艺流程和顺序能否有效减少和消除无效损失（物理损失、时间损失、人工损失）。注意，不是要弄清楚损失了多少，而是要通过这样的评审去评价供应商的精益理念和现场管理的水平。

4）设备综合效率。通过这个指标评估供应商的设备管理是否能够有效减少故障停机现象，以及判断设备维护管理水平对产品品质的影响。

5）安全性指标。设备的设计和运行过程中是否考虑了健康安全指标。

③柔性交付能力。经常会出现供应商产能没问题、品质没问题，但交付总出现问题的情况，这往往是因为供应商的柔性交付能力有问题。所以，在开发供应商时如果能够将柔性交付能力作为评估要素，可以帮助企业及早发现这方面的问题。

柔性交付能力往往表现在订单异动和多品种切换中，一般在订单需求变化中最能体现供应商的柔性交付能力。随着竞争的加剧和客户需求的变化，"变"成为最大的前提，大家早已经不去讨论该不该变，而是去讨论怎样更好、更快地变，因此对于供应商的柔性交付能力也越来越重视。

对柔性交付能力的评价主要从以下3个方面入手。

1）转产时间。从切换品种到生产出质量稳定的产品的时间称为转产时间，如果切换品种需要较长的转产时间，就要考虑是否有多条生产线可以生产这个品种，以及是否对每条生产线进行合理的品种规划，保证每条生产线的产能不因为覆盖品规过多而损失产能。例如，客户要求的品规是直径为16mm到80mm，其中共有10个常见品规，每次换品规需要2~3个小时（换规格件需要1个小时，从调整设备参数到生产出质量稳定的产品平均需要1.5个小时）。A供应商只有1条高速生产线，为了保证客户的交货时间，每天平均需要更换品规4~5次。B供应商有5条中速生产线，每条生产线只固定生产2个品规的产品，转产时间仅为0.5个小时（20分钟换规格件，调整设备只需要10分钟）。综合评估后，A供应商的高速生产线的速度是中速生产线的5倍，但是由于转产频繁，效率损失达到80%，而且在多品规、多客户同时交货时，效率损失更大，基本无法满足多客户、多品规同时交货的需求；而B供应商能够满足更多的客户及多品规同时交付的需求，由于每条生产线只做2个品规，转产频率大幅降低、转产时间大幅减少，所以 B 供应商的柔性交付能力要远远强于 A 供应商。

2）模块化制造。一般实现模块化制造可以实现快速转产或者换产、扩产，模块化既有厂房模块化，也有制造模块化和配件模块化。厂房模块化可以实现快速地新增生产线布局，制造模块化可以实现快速地切换品种，配件模块化可以实现快速维护维修。模块化都可以提高交付的柔性。

3）人员柔性。人员柔性，通俗地说就是一岗多能，转产的同时不需要增加更多的操作人员，也可以保证效率和品质。随着用工成本的不断提高，越来越多的企业开始关注不能被设备替代的人工岗位的一岗多能的培训和培养，人员柔性化对提高交付柔性和降低交付成本都有益。

④质量管理能力。质量是企业生存之本，产品的使用价值是基于产品质量的，没有质量就谈不上生存，更谈不上发展。对于一些特殊行业，例如医药行业，质量是一切的前提。

供应链的每一个环节都要做好质量管理。质量是生产出来的，不是检验出来的，如果忽视每一个环节的质量隐患，到最终客户手中产生的风险会呈倍数级甚至指数级增长。供应商是产品质量的源头，所以管好供应商的质量是保证最终产品质量的前提。质量管理的原则是要做到质量管理前置，因此，对供应商质量管理能力的评价也是核心的评价要素之一。

对质量管理能力的评价一般会从以下 7 个方面入手。

1）完善的质量管理体系。一般会先将供应商获得质量体系认证作为质量管理评价的基础，也就是基本条件。一般认为，通过质量体系认证的企业基本上建立了一套完善的质量管理体系，在理念上具备了基本的质量意识，在体系和流程、人员方面建立了系统的质量保证和管理体系，也就是企业的产品是在一个完善的质量体系内生产出来的。然后会关注这个企业是否实施了全面质量管理，是否采用了统计管理和偏差控制方法，以及是否通过了更细、更有针对性的质量标准认证。

2）供应商的产品标准与己方产品标准的匹配度。供应商执行的产品标准与己方采购物料的标准是完全匹配，还是高于或低于己方标准。一般而言，国标、行标都是比较基本的标准，企业在竞争中为了构建差异化竞争优势，往往会超过行标、国标的水平，建立自己的内控标准。所以，标准匹配是前提，往往会通过内控标准来衡量一个企业质量管理的高度和与竞争对手的差距。

3）专业的质量管理资源。可通过评估一个企业是否有专业的质量管理人员、团队，团队资历的构成如何，检验和测试能力如何，人员是否经过培训，是否有专业的检验、测试环境和设备仪器等，综合判断其是否有专业的资源去做质量管理；此外也会评估一个企业对质量管理的重视程度。现在，很多企业会申报国家重点实验室、第三方认证实验室，就是为了体现自己的差异化和优势。

4）执行力。往往通过对现场记录和文件进行比对、追溯，从上到下、从下往上地评估团队的执行力，分析各项管理制度、标准、流程的执行情况。

5）抽样检验和样品分析。在评估时也会现场抽样，双方共同按标准检验或者送第三方检验，验证产品或中间产品是否真正达到或者满足标准；也可以比对和验证双方的检测能力，找出检测误差是属于设备误差、人员误差，还是属于环境误差、操作误差。如果通过评估双方确立了合作关系，就要消除这些误差，为正式合作后的质量保证打下基础。

对于无法通过检验得出全面结论的样品，还需要进行样品分析，包括品质分析、研发分析、环保分析、质量分析、安全性分析等，以确保真实评估样品并通过样品分析真实反映供应商的情况。

6）批量试制。因行业不同、特性不同，很多企业都会对新开发供应商的物料进行批量试制；严谨的企业会在实验室小批量验证、中批量验证之后，才进行小批量生产规模验证。一般情况下，也会要求供应商提供一个相对正常的批量进行试制，全面检验供应商物料的品质稳定性和对企业设备工艺的适应性。这样的适应性不是通过检验和标准就能够反映的，每个企业的生产设备、工艺、人员的差异会造成物料的细微偏差。虽然这些偏差在标准范围内，但是在其与其他企业的物料配合生产、组装的过程中就需要进行一些调整，在实际生产过程中就会出现一个供应商物料有偏差，另一个供应商物料也有偏差，两种物料组装后成品不合格的情况。这些问题在检验时无法发现，往往只有通过实际生产才能反映出来，因此，批量试制也是质量评估的一个很重要的要素。

7）来料检验。来料检验与以上各环节的配合，可以为品质管理增加一重保障。往往可以通过来料检验发现供应商的失误和重大偏差，也可以通过来料检验数据进行回顾性验证，验证供应商来料的稳定性、质量管理的偏差度。来料检验也是评估是否对长期稳定的供应商采取免检措施的重要依据。

⑤交付与服务能力。供应链的一个发展变化趋势就是服务化特性越来越明显，这是消费转型驱动的。这样的需求传导到供应商端后，企业对供应商的交付与服务能力的要求也越来越高。一般而言，对交付与服务能力会关注以下几点。

1）服务能力和响应速度。有些供应商自身具备较强的综合能力，出现任何问题时依靠自身力量就能够快速响应和解决；但是很多供应商不具备专业技术能力，出现问题时往往需要等原厂派人才能解决。这两种供应商的服务能力和响应速度会有很大差别，所以在评审时也要结合企业对服务能力和响应速度的需求来考虑。

2）是否能够共享生产、计划、库存、物流信息。

3）是否能够提供 VMI 或者 JIT，或者厂边厂、厂中厂、厂边库、厂中库。具备这些能力和条件的供应商在交付与服务能力方面也相对较强。

⑥财务成本能力。这个能力主要体现在以下两个方面。

1）企业实力，通过财务状况来反映。如果没有良好的财务能力作为支撑，供应商生产与服务的连续性、稳定性和抗击风险能力就会打折扣；一旦供应商出现问题，就会影响企业乃至整条供应链的持续性和稳定性。

对于财务状况的评审有非常成熟的评审指标和方法，例如考核过去三年的关键财务指标，通过三大报表的对比分析可以初步判断供应商的财务状况。通过分析外部信息，例如收购合并的可能性、投资方与客户构成、信用报告或者第三方的财务状况评估等都可以帮助企业从多角度判断供应商的财务风险。

2）成本控制能力。有些有实力的供应商会对上游的关键物料进行管理，通过投资、整合、优化的方式提高自己的优势和话语权，这样，上游的市场波动对这类供应商的影响就会比其他处于完全买卖关系中的供应商要小得多，供应商会共同抵御和承担市场风险。相应地，这类供应商会缓冲市场波动向下游的传导，能够帮助下游客户抵御和承担一定的市场波动风险。而对于其他完全没有话语权和控制力的供应商，在上游市场出现波动时，往往会无缓冲地传导甚至放大影响地传导这样的压力给下游客户，这样的供应商的成本控制能力比较弱。这是对外部市场的成本控制能力，还有对内部的成本控制能力，做得好的企业能够把精益的理念贯穿到内部的每个环节，清楚每个环节的成本构成，优化空间，并且不断优化内部成本。因此，可通过这些角度去评价供应商的财务成本能力。

⑦风险控制能力。供应链风险是最近几年来的高频词。由于影响供应链运营的变量增多和竞争复杂度升高，风险事件的发生频率在增加，等级也在升高。因此，对于供应链的风险管理也越来越受到供应链人的关注，而准确评价供应商的风险控制能力能够有效降低供应链的整体风险。一般对供应商风险控制能力的评估关注以下 3 个方面。

1）经营风险。经营风险主要由决策风险、管理风险、运营风险、人员风险引发。这类风险比较隐蔽，难于鉴别，需要评估人员用心深入考察，了解对方的企业文化、重要决策、重要制度等。

2）资金风险。由于竞争地位和竞争结构的不同，供应商往往处于供应链的相对弱势地位。上游需要预付款才能提货，下游又有付款账期，加上备货库存压力，供应商容易有较大的现金流压力，严重的会导致企业运转不畅甚至倒闭，因此要关注供应商的资金流管理能力和融资能力。

3）技术风险。技术更新不断推动行业和市场发展、转型、迭代，对供应商也是如此，如果其不能跟上技术更新的脚步，或者不能保有自己的技术领先能力，就很有可能被市场淘汰。评估依靠创新研发技术领先的行业领域，对于供应商风险，也要把技术风险作为重要的评估要素。

总结起来，重复性采购供应商开发评估要素如表 2.4-3 所示。

表2.4-3　重复性采购供应商开发评估要素

评估要素七大能力维度	建议关注指标		
技术研发能力	现有专利		
	新品研发速度		
	研发团队资历		
	研发投入		
生产制造能力	生产能力	最高产能、目前产能	
		客户占比、产能分布	
		产能平衡	
		信息化程度	
	生产设备	设备数量和规模的匹配度	
		设备的先进性、自动化程度	
		设备工艺、布局的合理性	
		设备综合效率	
		安全性指标	
柔性交付能力	转产时间		
	模块化制造		
	人员柔性		
质量管理能力	完善的质量管理体系		
	供应商的产品标准与己方产品标准的匹配度		
	专业的质量管理资源		
	执行力		
	抽样检验和样品分析		
	批量试制		
	来料检验		
交付与服务能力	服务能力和响应速度		
	是否能够共享生产、计划、库存、物流信息		
	是否能够提供 VMI 或者 JIT，或者厂边厂、厂中厂、厂边库、厂中库		
财务成本能力	企业实力		
	成本控制能力		
风险控制能力	经营风险		
	资金风险		
	技术风险		

以上分析了一次性采购及重复性采购开发供应商时需要确定和关注的不同评估要素，每一类评估要素又可以根据不同企业的实际需求细化成不同的评估内容和评估指标。评估要素是原则性的、通用性的，但是细化的评估指标是个性化的，是适合并满足每个企业开发供应商的实际需求的，切记不要照搬其他企业的评估计划和评估指标。

3. 基于供应链战略特性建立评估标准

了解了供应商开发评估要素后，就要根据每个企业具体的物料需求制订供应商开发评估标准，也就是将评估要素结合具体需求设计评估标准，尽量将评估标准量化，将评估结果用数据呈现，遵从客观公正的原则，用评估标准去评估供应商。建立评估标准的过程用简单的语言来表述就是"三定"：定权重、定义、定衡量方法。

（1）定权重。要素的罗列是简单的，但是对评估要素的权重划分却不是一个简单的事情。有的企业为要素平均分配权重；有的企业为 Q、C、D、S 四个指标平均分配权重，每个占 25%；还有的企业直接照搬其他公司的评估标准，这样的情况不在少数。

定权重在评估标准建立过程中是最重要的环节，也是没有捷径可走的环节。权重体现了企业的竞争战略需求，体现了企业对资源的取舍。不同的供应链特性所支撑的战略导向是不同的，划分权重时在不同的供应链战略导向下其侧重点会有所不同，如表 2.4-4 所示。

表 2.4-4 不同供应链战略导向下供应商能力需求差异化

战略类别	协同采购战略	集成采购战略	响应采购战略	反应采购战略
关注驱动点	产品质量 > 成本控制 > 客户体验 > 技术创新	成本控制 > 产品质量 > 技术创新 > 客户体验	客户体验 > 技术创新 > 产品质量 > 成本控制	技术创新 > 客户体验 > 成本控制 > 产品质量
共性关注	领导作用、质量计划、组织能力、人力资源、环保政策、能力管理、决策文化、品质战略、客户满意度、硬件基础等			

续表

战略类别	协同采购战略	集成采购战略	响应采购战略	反应采购战略
差异化关注维度	一体化工厂计划与排程 高周转、低库存 原材料和制造流程标准化 面向制造的设计与采购	品质系统方案 精益管理水平 制造流程高度标准化、可视化 端到端的持续优化控制	客户订单可视化 客户协同计划 客户参与设计 客户反馈 互动界面与接口 柔性优化	面向供应商的设计 供应商协同创新与计划 模块化应用 单元制方案 产品集成能力 新产品导入计划

例如某企业开发、评估供应商时，成本维度占40%，质量维度占25%，服务维度占15%，交付维度占15%，其他维度占5%，就可以看出这个企业具有典型的精益供应链特性，在开发供应商时更加关注精益管理能力和持续优化成本的能力。

（2）定义。在实际的工作过程中往往会出现这样的现象：同样的指标，不同的人打分差异巨大，原因是不同的人对评估指标的定义不同。

因此，确定权重后，每一个维度会有评估项，例如质量维度以质量体系、检测能力、在线控制水平、偏差度控制等作为评估项，要对每一项进行定义，目的是避免歧义和误解。例如检测能力的定义如下：是否具有第三方检测资质（如CNAS认证），是否具备关键指标检验能力，关键检测设备是否定期校验，每年是否送第三方机构检验、验证，是否提供近三年的第三方检测报告等。这样，不管是谁，一看到这个定义，就知道在质量维度需要评估什么，需要对方提供什么来证明其有相关能力，这一环节就叫"定义"。

（3）定衡量方法。衡量方法主要分为两个维度。

①信息确认的手段与方式，如问卷法、现场调查、访谈、运营数据分析等。

②信息分级量化方式。分级的目的是对评估内容进行等级划分，定衡量方法就是对划分的等级确定得分标准，目的就是为后面的客观打分和评价提供依据。

例如，上述质量评估中的检测体系，可以这样分级：具备国家级第三方检测机构认证并在有效期内的，得8～10分（含8、10分）；不具备国家级资质，但对关键指标能够自行开展检测并每年送第三方机构验证的，得5~7分（含5、7分）；没有关键指标检测能力，只能进行一般的外观检验的，得1~4分（含1、4分）；未开展任何检测的不得分。这样，就对每一个评估项进行了等级划分，并且对每一个等级根据现场实际评估情况客观打分，最大限度地避免评估人员的专业度不足和主观性所造成的评估风险。

但有些内容确实存在无法客观评估的问题。并不是完全不允许主观评估的情况出现，一个大的原则就是主观评估所占比重要尽量小，而且定义要尽量清晰、不产生歧义。

2.4.5 如何评估待开发供应商

在确定了哪些物料或者服务需要开发供应商，并且制订了供应商开发计划之后，企业就需要有计划、有步骤地实施开发计划，按照评估要素和对战略需求的理解建立可用于实施具体评估的评估标准。针对具体的开发对象，在对备选对象进行评估时也需要制订评估计划，有计划、有步骤地组织和实施评估。

1. 评估计划的涵盖范围

一个完整的评估计划要解决以下问题。

（1）When：什么时候评估，什么时候开始，整个评估周期多长，什么时候得出评估结果。

（2）What：用什么方法评估，如问卷调查、现场评估、网络调查、访谈会议，明确评估的方式。

供应商认证一般有3种方式：企业认证、第三方认证、供应商自身认证。在实践中，有些企业会将上述方式结合起来应用。例如波音公司对供应商的认证内容包括部分供应商通过网络进行自我评估、波音公司员工进行的评估、基于信息系统对生产指标的准确判断等。此外，有的企业也会考虑如国际标准化组织（International Organization for Standardization，ISO）等授权机构的第三方认证。

除此之外，还可以用流程认证取代产品认证。一些企业通过对供应商生产工艺的流程进行评估来完成认证工作，而不是对供应商生产的产品进行评估。

这是因为它们认为重点在于产品的制造过程，并坚信高质量的产品源自健全、良好的生产流程。

目前较多的是由企业自己来完成认证，并使用加权评分法，按照事先约定好的用于衡量供应商的各个重要标准和企业目标来完成权重分配与评分。

（3）Where：去哪里，在哪里评估。对于需要现场评估的供应商，这是一个很重要的问题，尤其是当供应商有多个分厂分布在不同区域时，企业必须明确今后由哪个分厂供应物料，并去相应的分厂进行现场评估，这样才能准确评估。

如果分厂只负责生产，而研发、采购、仓储、质量管理、质量检验这些部门都在总公司，那企业就要根据评估原则确定是否需要增加总公司或者分厂的现场评估。

对于国外供应商，如果供应物料规模不大、风险不高，企业在初期无须去对方的国外工厂进行评估，可以只用问卷调查或者第三方评估等方式完成初期评估。

（4）Who：谁去评估。如果不是由第三方评估而是由企业自行组织评估，则需要多部门协同工作。因此，企业在评估计划里要明确由哪些部门、哪些人组成评估小组，组长是谁，其他人的职责、分工又如何。

例如，设备部门负责对工艺设备的评估，质量部门负责对质量体系的评估，生产部门负责产能、服务方面的评估，技术部门负责对研发、技术能力的评估，采购部门负责对供应链体系和仓库部分的评估等，各部门有分工、有协作。

（5）How：怎样评估。企业需要针对评估的地点和标准确定评估方式、评分方式及结果汇总方式。

例如，质量体系的评估离不开对文件体系的查看和评估，这首先需要对方提供质量体系认证文件；其次需要对方提供质量管理体系的相关文件，如管理规范、操作规范、工艺规程等文件，以及检验报告、关键检测设备的定期校验记录、生产现场中间产品检测记录等。企业可以通过临时抽样的方法，查看记录和文件的某一批或某几批过程文件与标准规范，并进行比对和溯源，检查流程规定的执行程度和严谨程度，并在发现问题时进行现场核实或要求对方提供解释和说明。

与此同时，现场评估也是质量体系认证的重要环节。"现场不会说谎"，做得好与不好，企业可以通过现场迅速分辨。因此，对于重要的供应商，需要进行现场评估，质量体系现场评估同样如此。企业可以通过现场的生产流程、停机情况、现场抽样检测、现场 5S 情况等，评估供应商的质量稳定性、质量控制水平、过程控制水平等，并判断是否存在现场混淆的情况，判定质量风险的等级。采购部门也可以通过对仓库进行评估来评价供应商的采购供应链体系运营状况。

当然，每个企业的评估原则与标准不同，被评估对象的情况也千差万别，因此，评估计划的制订就需要根据具体情况而定，不能用一个计划去评估所有的供应商。

2. 实施评估步骤

（1）无论是一次性采购还是重复性采购，通常在评估之前，企业可以先发起供应商信息询问表（Request for Information，RFI），如表 2.4-5 所示。企业还可以根据项目情况增加需要提前调查的客观信息，以便先进行长名单的筛选；如果初步审查不合格，则不必进行接下来的现场考察，以避免额外的资源投入。

表 2.4-5　供应商信息询问表

基本信息	公司名称			
	公司地址			
	公司电话		公司传真	
	公司网址			
注册信息	注册地址			
	注册资本		企业类型	
	统一社会信用代码		成立日期	
人力资源	员工总数			
	管理人员总数			
	市场/销售人员总数			
	技术/服务人员总数			

经营信息	近三年销售额（元）	第一年		第二年		第三年
	主要业务领域及其优势概述					
	近两年内主要客户及项目					
客户信息	主要客户、业绩	客户			业绩概述	
生产设备	生产设备名称、型号	产能	数量		品牌	使用年限
资质认证	获取的相关资质认证或行业内奖项等信息					
检测设备	检测设备名称、型号	精度	数量		品牌	使用年限
	付款账期			天		
联系信息	合作接口人	姓名			微信	
		手机			电子邮箱	
	合作高层负责人	姓名			微信	
		手机			电子邮箱	

（2）进行初步的筛选之后，评估小组就可以根据既定的评估标准实施具体评估，在与供应商的沟通中，获取所需的相关资料，并进场实地调查、尝试生产样品，从而对供应商的资质进行全面、具体、客观的评价。

此外，采购在绝大多数企业属于高度敏感的岗位，很多选择和判断必须经得起推敲，因此，在长、短名单的筛选过程中，评估小组也要注意借助以下内容，理顺筛选逻辑。

①筛选过程中多问自己和评估团队几个为什么。

②为什么是这几家供应商进入短名单？

③为什么刚好只有这3家供应商来参与，其他几个稳定合作的供应商未参与？

④目前这几家供应商的情况是否能说明此次选择的广泛性和合理性？

需要注意的是，筛选逻辑要与评估标准和企业差异化战略匹配，比如同样是选择纸盒厂商，追求精益型优势的企业的开发和评估标准可能更偏向于成本维度，有些追求"小而美"的供应商因此可能难以进入短名单中；而追求快反型优势的企业的开发和评估标准则更强调响应速度、定制产品和服务的客户体验，在长、短名单的筛选过程中极有可能筛掉行业内极具规模优势但响应速度较慢的大型供应商。

企业的各个部门应通过现场考察的情况，结合相关文件及前期调查情况、供应商会谈情况进行综合评分，计算出供应商在此次评估中最终获得的总成绩。

（3）出具评估报告及评估反馈。要尽可能量化地呈现对供应商的评估报告。在很多企业对供应商的评估报告中，都能看到"尚可""优良""不错"这样的主观评价，但如果甲供应商"尚可"、乙供应商"不错"，企业又该如何在其中做出选择呢？

因此，根据供应商开发标准，企业必须以取得量化结果为目标，按照各评估要素进行量化打分，并根据各评估要素的权重，对每家供应商进行综合打分，从而实现量化筛选。

表2.4-6所示为供应商量化筛选简表。在实际操作中，企业应按照各评估要素，对每家供应商做出详细评估，直到寻找到最佳的供应商资源。

表2.4-6 供应商量化筛选简表

序号	评估要素		最大权重	供应商			
				A	B	C	D
1	公司战略		20	18	15	17	13
2	领导与人力资源	2.1 领导团队	10	8	10	5	10
		2.2 人力资源	20	20	15	20	16
3	生产设备		10	8	9	10	10
4	品质管理	4.1 品控体系	2	2	1	2	2
		4.2 管理流程	3	2	2	2	2
		4.3 执行环境	5	3	2	4	5
5	价格		20	19	15	17	19
6	研发能力		5	5	5	5	5
7	企业财务状况		5	5	5	5	5
总计			100	90	79	87	87

同时，关于供应商的关键信息也需要在评估报告中体现，尤其是最终评估结果。对此，评估小组可以按照事先约定的分数线（如60分）来确定，亦可根据事先约定的排名规则（如前三名）来确定，或者通过评估小组内部商议出具结果。

无论如何，评估报告需要给出清晰的结论。供应商量化评估简表如表2.4-7所示。如涉及供应商需要整改的项目，评估报告则要明晰地给出整改项和整改计划；此外，评估报告还需对重要信息进行标注，比如有5家供应商，其综合评分和评级各不相同，每家供应商也都具有自身的优势，这些都需要标注，以便于后期管理和跟进。

表2.4-7　供应商量化评估简表

供应商	评级	评分	是否通过	是否需整改	备注
甲	A级	90~100分	是	否	生产成本低
乙	B级	80~90分	是	否	交付时间短
丙	C级	70~80分	是	是	见整改明细表
丁	D级	60~70分	否	否	—
戊	不合格	60分以下	否	否	—

评估报告完成后，企业可以根据情况以文字形式反馈给供应商，帮助供应商明确自身的不足，促使供应商及时改进和提升自身能力。同时，企业要及时进行情况跟踪，按计划、按职责检测供应商的执行情况，确保供应商最终能满足企业需求。

【工厂速评问卷】

本问卷中，答案为"是"的数量标志着工厂的精益程度；"是"的数量越多，则工厂的精益程度越高。只有当工厂明显遵循了该问题隐含的原则时，才能回答"是"。如有任何疑问，则回答"否"。

1. 参观者是否受到欢迎，并得到有关工厂布局、员工、客户与产品等方面的信息？

2. 客户满意度与产品质量方面的得分有没有张榜公布？

3. 设施是否安全、清洁、排列有序，并且光线充足？空气质量是否好？噪声是否小？

4. 直观标志系统是否明确指示库存、工具、流程和物流方向？

5. 所有东西是否都各有其位，并且各就其位？

6. 新的营运目标与相应的绩效评估标准有没有醒目地张榜公布？

7. 生产物料是否沿生产线放置，而不是在几个库存区分隔储藏？

8. 在工作区是否可以看见工作指令与产品质量规格？

9. 所有小组是否都能看到有关产出、质量、安全与攻关成果的新图表？

10. 营运现状是否可以通过中央控制室、进度板或计算机屏幕一目了然？

11. 生产线安排是否有一个统一的进展程序？每一工段的库存水平是否恰当？

12. 物料是否只需移动一次，移动的距离是否最短？移动时物料有没有置于恰当的运输箱中，以提高移动效率？

13. 工厂布局是否保证产品流动持续顺畅，而不是一个个车间呈块状分隔？

14. 工作小组是否受过培训、得到授权，并参与攻关和日常工作改进？

15. 员工是否致力于持续改进？

16. 预防性设备保养及日常工具流程改进的具体时间是否张榜公布？

17. 开发新产品时，是否制订了有效的项目管理流程和具体的成本、时间目标？

18. 供应商认证程序（包括质量、交货与成本衡量标准）是否张榜公布？

19. 产品关键性能是否明确？是否采用了自动故障防护措施防止瑕疵多次出现？

20. 你是否会购买该工厂的产品？

2.5 开发供应商后的分阶段、分级分类管理

供应商开发只是供应链管理的第一步，后续的磨合和管理更是一条漫漫长

路，即使企业在开发阶段找到相匹配的供应商，也要在实际合作中度过磨合期，并在顺畅合作中发挥作用、体现价值。开发得好不代表合作得好，因此，完成供应商开发后，企业还需对供应商进行分阶段、分级分类管理，逐渐有序地将其纳入正常的供应商管理序列，实现共同发展、共同成长。

一般而言，企业在引入新供应商时有两种情况。

（1）新品开发时，原有供应商不具备供应这种新品的能力，企业需要引进新供应商。对这类供应商，一般可以跟随新品的开发进度同步进行管理，从早期介入、试制、小批量试产到逐渐扩大生产规模。在此过程中，能够一直跟着新品成长的供应商，也就能够逐渐融入和适应企业文化，并且有意愿、有能力随企业一起成长，最终成为新品的主要供应商。

（2）已有供应商不能满足企业发展或新的要求，企业需要开发新供应商来增加竞争或提升供应保障能力。在此类情况下，企业同样需要对引进的新供应商进行分阶段、分级分类管理，尽快帮助供应商融入企业文化，发挥出相应的作用。

2.5.1 分阶段管理

一般而言，对新开发供应商，首先应当分阶段管理，企业与供应商在不同的阶段逐渐磨合，提升双方的合作能力和合作水平。这是一个从了解需求、适应需求到满足需求的过程。

1. 订单量随阶段增加

分阶段在不同的企业有不同的定义，如备选供应商—次要供应商—主要供应商，或一次性供应商—试用供应商—正式供应商。虽然定义不同，但分阶段管理的目的都是：循序渐进地引导和激励供应商提供更优质的服务和产品，成为采购方重要的合作伙伴。

很多企业在与新开发供应商合作初期，只将其看作次要供应商，给其少量订单，经过两到三年的合作后，企业才会根据每年的供应商绩效评估结果逐渐增加订单量。

这种做法的优势体现在两方面。

（1）控制供应风险。这种做法可以有效控制由新供应商对企业需求不了解或信息不对称导致的供应风险。例如，准时交付的"准时"是指前后一天，还是前后半小时，不同企业的要求也不同；再如验收标准，不同企业对很多指标的描述和理解也会存在差异，这就可能造成不接收、退换货等问题。

（2）维持质量稳定性。虽然采购双方明确了检验标准和验收标准，但不代表检验合格的产品上线就一定顺畅，有可能偏差一点就造成废品率增加的问题，这些方面都要在小批量供货中逐渐磨合。在这个阶段增加订单量有可能造成较大的风险隐患，相对而言，这个阶段的小批量订单既尊重了长期合作供应商的付出，以免造成新旧供应商的矛盾，同时也让原有供应商产生危机意识，增强供应商的竞争力。基于公平公正的供应商管理规则，以数据和结果说话，只有跟得上企业发展的脚步、满足客户需求的供应商才是企业所需要的。

2. 不同供应商的分阶段管理

从潜在供应商到合格供应商的分阶段管理过程可以大致分为三个阶段，如图2.5-1所示。

图2.5-1 从潜在供应商到合格供应商的分阶段管理过程

在开发出潜在供应商之后，企业可以针对一次性供应商、客户指定供应商、试用供应商等进行相应的分阶段管理。

（1）一次性供应商。此类供应商是指只为某特定项目进行的一次性采购的供应商；若还需重复使用，则需转为试用或者正式供应商。

（2）客户指定供应商。因客户的特殊要求，客户会指定供应商，甚至指定供应商和价格，企业只是代为采买。此类供应商虽然是特殊项目要求的，但如果与企业合作良好，而且企业也确实需要，则可以转为企业自己的试用或者正式供应商。

（3）试用供应商。在未确认正式合作之前，企业可以设置一定的试用期限和考核规则。在 3~6 个月的试用期限，企业可以策略性地与供应商在一些项目上合作，以此观察供应商能否与企业较好地协作，从而确定对方是否可以转为正式供应商，并使用合格供应商清单（Approved Vendor List，AVL；Approved Supplier List，ASL）来管理。

在分阶段管理中，企业要明确分阶段的目的是让新开发供应商与企业进行磨合，在持续磨合中逐渐增加合作比例和扩大规模，直至将其转为合格供应商，并纳入企业正常的供应商管理体系，对其进行绩效管理、关系管理等。反之，如果磨合过程出现问题，而且经过双方的努力和改善后，供应商仍然无法匹配企业的需求，那企业也要果断放弃该供应商。

2.5.2 分级分类管理

经过分阶段管理磨合阶段，新开发供应商逐渐适应并满足和匹配企业的需求后，企业就要将这部分供应商纳入企业的供应商管理序列，对其与其他正式长期合作的供应商一起进行分级分类管理。

分级分类管理主要用于合理分配管理资源，将重点领域、重点物料的订单交给重要供应商，让供应商管理效率最大化。此时，企业也可以营造良好的竞争环境，让供应商有危机意识、竞争意识，激励供应商不断进步、成长，跟上企业发展的脚步。

针对不能满足企业需求，或没有改善意愿的供应商，企业也可以果断放弃，以保持资源池的领先度和竞争力。

这就是供应商管理的全生命周期。企业既要遵循企业产品本身的生命周期，比如从产品的需求确定开始，到产品淘汰报废的过程，也要在同一产品生命周期内遵循供应商本身的生命周期并对其进行管理，如从供应商的开发、认证引入、绩效评估和风险管理到供应商废止的全部过程。

常见的供应商分类方法如表2.5-1所示。

表2.5-1 常见的供应商分类方法

分类原则	供应商分类
按企业对供应商的重视程度	①战略 ②优先 ③考察 ④消极淘汰 ⑤积极淘汰 ⑥待定
按80/20法则	①重点 ②普通
按供应商的规模和经营品种	①专家级 ②行业领袖 ③量小品种多 ④低产小规模
按企业与供应商之间的关系	①短期目标型 ②长期目标型 ③渗透型 ④联盟型 ⑤纵向集成型

1. 按企业对供应商的重视程度分类

（1）战略供应商，即对企业发展有战略意义的供应商。如提供技术复杂、生产周期长的产品的供应商，其可能是唯一供应商，与此类供应商的合作对企业的发展至关重要。

此类供应商的更换成本非常高，有些甚至无法更换。因此，企业对这类供应商的管理应该着眼于长远发展，培养长期关系。

（2）优先供应商。此类供应商提供的产品或服务虽然可在其他供应商处得到，但企业倾向优先使用此类供应商——这是其与战略供应商的根本区别。优先供应商的判定基于供应商的总体绩效，如价格、质量、交货周期、技术、服务、资产管理水平、流程管理水平和人员管理水平等。

（3）考察供应商。此类供应商一般是首次与企业合作，企业对其表现还不够了解，因此需要设定一年的期限进行考察。考察完成后，企业则可以根据考察结果，将其升级为优先供应商，或降为淘汰供应商。

（4）消极淘汰供应商。此类供应商不应该再得到新的订单，但企业也无须急切地结束当前的合作。到达合作期限时，此类供应商自然会被淘汰出局。

企业对这类供应商要理智对待。如果对方绩效尚可，企业也无须破坏现有平衡，可以与其维持相对良好的关系。

（5）积极淘汰供应商。此类供应商不仅不应得到新的订单，企业还需快速转移现有订单。这是供应商管理中的极端情况，但企业也要避免出现"鱼死网破"的情况。

一旦供应商知道现有订单要被转移，就可能采取极端措施，如抬价、中止供货、弱化服务。因此，在结束合作之前，企业一定要先开发出能够替代的供货渠道。

（6）待定供应商，此类供应商的身份尚未确定，企业需要在分析评价之后，对其进行明确的定义。

2. 按80/20法则分类

供应商80/20法则分类法的基础是物品采购的80/20法则，其基本思想是针对不同的采购物品采取不同的策略，同时，采购工作中精力分配也应各有侧重。

（1）重点供应商。对于重点供应商，企业应投入80%的时间和精力，对其进行管理与改进。这些供应商提供的物品，一般为企业的战略物品或需集中采购的物品，如汽车厂需要采购的发动机和变速器，电视机厂需要采购的彩色显像管等。

（2）普通供应商。对于普通供应商，企业只需要投入20%的时间和精力跟进。因为，此类供应商提供的物品，例如办公用品、维修备件、标准件等，对企业的成本、质量和生产的影响较小。

在按80/20法则进行供应商分类时，企业应注意，80/20法则的分类结果不是一成不变的，是有一定的时间限度的。随着生产结构和产品线的调整，企业需要重新分类，并对重点供应商和普通供应商采取不同的策略。

3. 按供应商规模和经营品种分类

按供应商规模和经营品种分类，常以供应商的规模作为横坐标、经营品种的数量作为纵坐标进行矩阵分析，如图2.5-2所示。

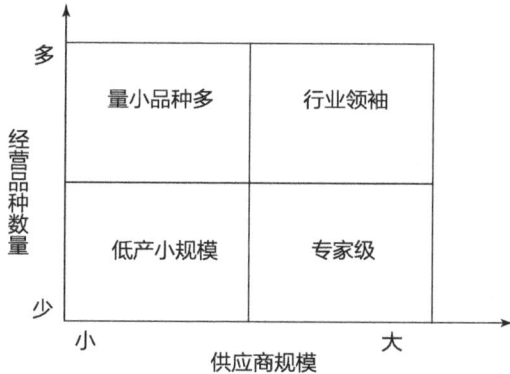

图2.5-2 按供应商规模和经营品种分类

（1）专家级供应商，指生产规模大、经验丰富、技术成熟，但经营品种相对少的供应商，这类供应商的目标是通过竞争来占领大市场。

（2）行业领袖供应商，指生产规模大、经营品种也多的供应商，这类供应商的财务状况比较好，其目标为立足本地市场，并且积极拓展国际市场。

（3）量小品种多的供应商，此类供应商虽然生产规模小，但其经营品种多，虽然其财务状况不是很好，但有潜力，可培养。

（4）低产小规模的供应商，指生产规模小、经营品种也少的供应商。这类供应商生产经营比较灵活，但是增长潜力有限，其仅瞄准本地市场。

4. 按企业与供应商之间的关系分类

按企业与供应商之间的关系分类，供应商大致可以分为5类：短期目标型、长期目标型、渗透型、联盟型、纵向集成型。

（1）短期目标型供应商。此类供应商的主要特征是，采购双方的关系仅是交易关系，即一般的买卖关系。双方的交易仅停留在短期的交易合同上，各自关注的是如何谈判，即如何提高自己的谈判技巧不使自己吃亏，而不是如何改善自己的工作使双方获利。

供应商根据交易的要求提供标准化的产品或服务，以保证每一笔交易的信誉。当交易完成后，双方的关系也即中止。双方的合作只与业务人员和采购人员有关系，其他部门的人员一般不参与双方之间的业务活动。

（2）长期目标型供应商。与供应商保持长期的关系是十分重要的，双方有可能为了共同利益改进各自的工作，并在此基础之上建立起超越买卖关系的合作。长期目标型供应商的特征是从长远利益出发，与企业相互配合，不断改进产品质量与提高服务水平，共同降低成本，提升供应链的竞争力。采购双方合作的范围遍及企业内部的多个部门。

例如，由于是长期合作，企业可以对供应商提出新的技术要求；如果供应商目前没有这种能力，采购上可以对供应商提供技术、资金等方面的支持。同时，供应商的技术创新和发展也会促进企业产品的改进，有利于企业的长远发展。

（3）渗透型供应商。这种关系形式是在长期目标型基础上发展起来的，其指导思想是把供应商看成企业自身竞争力的延伸。为了能够参与供应商的业务活动，有时企业会在产权关系上采取适当措施，如相互投资、参股等，以保证双方利益的一致性。

同时，在组织上企业也可采取相应措施，双方派人参与对方的有关业务活动。这样做的优点是可以更好地了解对方的情况，供应商可以了解自身产品在企业中如何发挥作用，进而发现改进方向，而企业也可以知道供应商如何制造产品，进而提出相应的改进要求。

（4）联盟型供应商。联盟型供应商是从供应链角度提出的，其特点是从更长的纵向链条上管理成员之间的关系，双方维持关系的难度提高了，要求也更高。另外，由于成员增加，往往需要一个处于供应链核心地位的企业出面协调成员之间的关系，该企业常常被称为"盟主企业"。

（5）纵向集成型供应商。这种形式被认为是最复杂的关系类型，即把供应链上的成员整合起来，像一个企业一样，但各成员是完全独立的企业，决策权仍属于自己。在这种关系中，每个企业必须充分了解供应链的目标、要求，并在充分掌握信息的条件下，自觉做出有利于供应链整体利益的决策。

企业可以借助供应商分级分类管理，在供应商全生命周期管理中进行动态调整，实施奖罚分明的动态管理机制，并根据供应商的绩效表现进行有针对性、持续性的供应商辅导改善，保持资源优势。

与此同时，企业也可以在分级分类管理中实施供应商的风险管理，通过对关键指标的监控，对供应商风险进行预警式管理，让企业能够及时了解潜在的供应中断风险、质量问题、价格波动等；对潜在问题进行风险评级和预警来避免供应中断；制订有效的纠正措施和备选行动计划，来降低破坏性事件造成的影响；对风险发生概率高、可能性大和整体风险指数高的供应商实施风险应急措施和退出机制。

供应商全生命周期管理是一个模块化、标准化、可扩展且具有高度可复制性和可靠性的解决方案，应该建立在企业战略的基础之上，以选择合适的供应商、优化供应链、保持供应链的连续性和稳定性、降低采购总成本和供应链风险为目标，不仅仅是关注降低采购成本，而且要全面地满足企业的供应商管理和供应链管理需求。

第3章
供应商绩效管理

    "你设立什么样的目标，就得到什么。"当供应商已经成为企业竞争力的延伸，企业想要通过供应商构建供应链竞争力时，就必须像对组织成员进行绩效管理一样，为供应商设定科学合理的绩效管理机制，将自己的需求传递给供应商，并引导供应商成长改进，让其成为企业发展的重要助力，从而在供应链竞争力提升中实现共赢。

3.1 供应商绩效管理的意义

供应商绩效管理是采购与供应链管理的关键环节，也是采购管理的核心与重点内容之一。采购的"采"，本质就在于开发优质渠道，通过与优质资源协作，获取支撑企业竞争力可持续发展的外部资源；"购"则在于执行"采"的结果，是与开发的资源进行交易、合作的过程。而要确保这一过程有序推进，就离不开完善的供应商绩效管理。

3.1.1 为什么要做供应商绩效管理

在我国经济高速发展的同时，采购及供应链成熟度却相对较低。大多数采购人将更多的时间耗费在执行交易上，认为只要将货物买回来就万事大吉，采购也因此被定义为简单的"买买买"。

随着我国经济增长速度的放缓，更多的企业开始认识到供应链的重要性，并在系统性的梳理中打造应变能力更强的供应链。供应链从线状结构到平面结构再到立体网络结构，节点在不断增加，复杂度也在不断增加，并成为连接上下游资源、构建企业竞争优势的重要运营体系。

供应链竞争力体现在企业与核心上下游伙伴间的相互作用，若能实现 1 + 1 > 2 的资源优势互补，企业就能完成逆袭。比如小米公司结合自身营销优势和供应商制造能力，在短时间内完成对手机大厂的反超；苹果公司则通过对供应商的深度管理构建核心竞争力。

因此，采购人的能力和注意力必须尽快从"买买买"转移到与优质资源进行良好的协作上，除了前期的供应商开发，还要在后续的供应商绩效和关系管理上投入更多的时间和资源。

企业做供应商绩效管理，要从人类惯有的错觉说起。

1. 错觉1：你知道我要什么

很多采购经理与供应商沟通的时候，无论是初次进行供应商审厂时，还是合作之后与供应商沟通即将合作的项目时，或后续进行绩效的沟通时，都是单刀直入地说具体的细节和事情，很少将公司近期的战略导向、采购目标与供应商沟通。被问及原因时，要么是认为没有必要，要么是自己也不清楚，要么是认为对于这些情况供应商都知道——目标当然是质量要好、成本要低、交付要快。其实供应商未必清楚，而且什么都要就等于不知道阶段的重点和目标。

2. 错觉2：觉得自己做得不错

此前思考供应商绩效管理这件事的用处是什么时，有一件生活中的小事让笔者颇有感触。有一阵子，笔者和朋友们打羽毛球。最初几天，大家本着活动一下的目的没有计分，笔者还对自己的技术感觉颇好。可后来计分时，笔者发现自己大多数时间都是大比分落后。大家在生活中有这样的感受吗？

不进行对比和计量，人对自己的定位就会出现偏差，大多数情况下会认为自己的工作完成得非常不错；哪怕知道还可以改进得更好，也不知道问题到底出在哪里、该如何改进。

3.1.2　供应商绩效管理的好处

在供应商开发中，绝大多数企业的采购花费了40%～60%的时间进行供应商寻源和开发，时间短则几个月，长则一两年，而这些投入的效益却要在与供应商正式开始合作后才能看到。因此，企业必须借助供应商绩效管理让前期的投入产生应有的效益。

可以通过比较是否进行供应商绩效管理的差异，来进一步理解供应商绩效管理的意义，如图3.1-1所示。

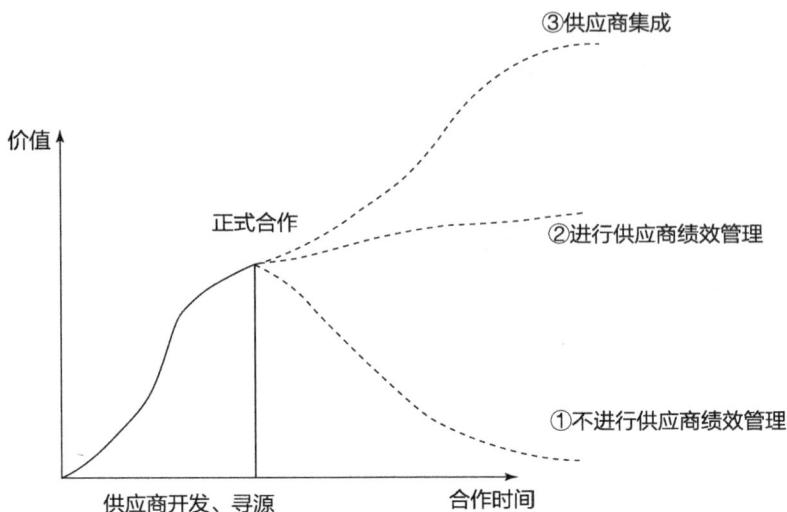

图 3.1-1　供应商绩效管理的好处

　　从图3.1-1的①曲线可以看到，如若在引入供应商之后，不进行有效的供应商绩效管理，在开发阶段投入的资源和产生的效益在合作之后的一段时间便会消失；②曲线处于一个稍稍上扬的态势，供应商绩效管理帮助企业保持良好且较持久的合作关系；③曲线则反映了将供应商绩效管理与供应商关系管理等相结合，集成供应商的优势和企业的优势，这样能创造超出预期的价值。

　　供应商管理，只有上接战略、下接绩效，才能有效发挥供应商的效能。没有绩效管理的供应商管理，会损耗开发、寻源的投入。

　　与此同时，在绩效管理过程中，企业对供应商的管理要客观、公正、公平、严格。这里的严格并非苛刻，而是基于明确的策略和标准，与供应商达成共识，确定可衡量、有奖惩的标准和目标。当然，衡量的原则就是公正，如此才能不断提升企业和供应商的供应链水平。客观、公平、公正、严格、闭环的供应商绩效管理，是需要企业在供应商管理中持续投入的重要环节。

3.2 绩效管理与采购战略的关系

绩效管理需要投入耐心、持续优化。如果绩效管理没有为采购战略目标服务，结果就会不尽如人意，企业会因此失去持续投入的动力；而当企业缺乏与供应商的战略协同时，运营、执行等层面的问题也会频出。只有在双方战略协同以及合适的绩效激励下，企业才能通过供应商对质量、服务、交付及成本等方面的不断改进，来确立全面的专业化管理，从而获得明显的竞争优势。

3.2.1 绩效管理与采购战略

绩效管理方案必须与企业的采购战略相匹配。可以说，没有战略，绩效考核就没有价值。

例如培养小孩，对培养小孩的过程进行绩效考核，那就必须将之与培养小孩的战略目标相关联。若想将小孩培养成科学家，则需要让小孩学习更多知识；若想将小孩培养成足球明星，则需要让其拥有体能与控球技能；若想将小孩培养成钢琴家，则需要让其拥有乐理知识与弹奏能力。同样是培养小孩，由于战略目标不一样，其绩效考核也不一样。绩效考核必须服务于战略目标，否则，任何绩效考核都只是为考核而考核。

供应商绩效管理同样如此。当企业将"物美价廉、多快好省"作为理想供应商的状态时，其绩效管理指标也必然以成本、价格、交付等要素为核心；当企业以"质量稳定可靠"作为理想供应商的状态时，其绩效管理指标必然会以质量、生产可靠性等要素为核心；若企业以"完美服务和体验"为理想供应商的状态时，其绩效管理指标就会更偏重于服务、体验等软性指标。

当然，基于企业对多品种、少批量产品的生产需求，以及跨领域和跨产品线的扩张需求，同一企业对不同品类物料的绩效管理也会出现差异。例如，沃尔玛对海鲜类供应商与五金化工类供应商的绩效管理不尽相同，因为海鲜类商品强调"鲜、活"，而五金化工类商品强调"品牌、质量和口碑"。

绩效管理采用的各项指标描绘了企业理想供应商的画像。绩效管理的目标，就在于以绩效制度推动供应商向着理想状态成长。然而，企业究竟应该如何描绘自己的理想供应商呢？答案并不在于世界上最优秀的供应商是什么样的，直接照抄同行或名企的绩效管理方案是不可取的，关键在于明确企业采购战略所需的供应商是什么样的。

在企业的供应商池中，一定有各不相同的多家供应商，有的供应商交付出色，有的供应商以成本制胜，有的供应商专注于质量……因此，结合企业采购战略和品类要求，企业应当制订不同的绩效管理方案，确保每个供应商的优势得到最大化展现，发挥推动企业战略实现的作用。

3.2.2 案例：如何针对不同供应链特点和采购战略制订供应商绩效指标

H 企业是世界 500 强企业，其涉猎的业务范围较为广泛，经过 20 多年的发展以及在各大咨询公司的帮助下，演变成现有的组织形式。其营销和研发体系主要采用事业制运作方式，有两个主要的事业部，其中 A 事业部主要面向 to B 市场，重视保持其传统优势、绝对的领先地位；B 事业部针对新产品线，主要是为突破 to C 市场、拓展新业务而建立的。其供应链管理服务部作为集中的职能部门，对接不同的事业部，如图 3.2-1 所示。

采购团队主要从质量、交付、成本、能力、服务等几个方面开展供应商管理。

（1）质量指标。质量指标主要有：来料批次合格率、来料抽检合格率、来料在线报废率等。

（2）交付指标。交付指标主要有：按时交货率、交货准确率、完美交付率等。

（3）成本指标。成本指标主要有：年度成本降幅、成本节省额等。

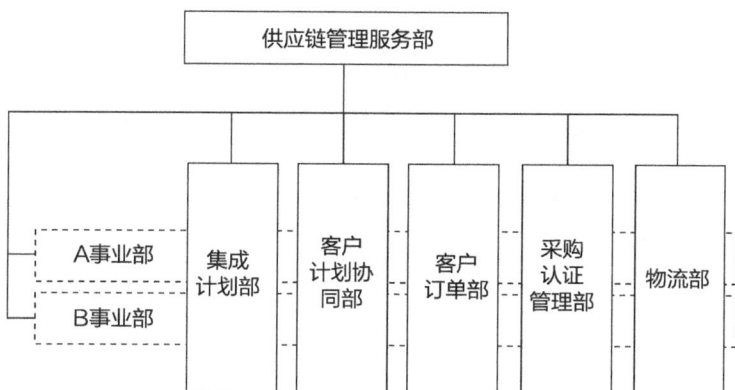

图3.2-1 供应链管理服务部

（4）能力指标。能力指标主要有：供应商的设备种类和数量、供应商的生产工艺和技术水平、供应商的业务流程和信息化程度、供应商的成本管理能力等。

（5）服务指标。服务指标主要有：供应商的配合度和合作意愿、报价的及时性、报价的合理性等。

B事业部成立之初，采购流程直接复用了A事业部的流程，但在过程中发现，原来绩效优秀的供应商却频频因为交付速度慢、不够有柔性等被投诉或者绩效很差。经过分析发现，B事业部和A事业部的竞争战略存在非常大的差异，A事业部的产品有较大的规模效应，质量相对也比较稳定，利润较为微薄，对全链条的成本有较高的诉求，故而合作较为良好的供应商均是该行业里偏中端的大中型企业，它们往往能够提供性价比较高的产品和服务。可是，B事业部主要面向to C市场，对客户体验极为重视，希望能够提供一些个性化的服务，这时供应商往往无法响应，或者成本非常高；又因为A事业部的采买金额占比仍然非常大，经过中和，绩效相对突出的还是那些供应商，B事业部甚至因此投诉采购部门和供应链阻碍了新业务的发展。

在经过一系列的反思和讨论之后，采购部门结合不同的供应链特点进行了差异化的管理。针对A事业部的这种重视成本的精益供应链，在供应商开发和绩效方面更多看重成本，其次是质量，以确保 A 事业部持续的性价比优势。而在 B 事业部，最看重的是交付柔性和服务能力，故而供应链评估的重心自然要更多地向交付和服务倾斜。供应链评估维度对比如表3.2-1 所示。

表3.2-1 供应链评估维度对比

评估维度	精益供应链权重	快反供应链权重
质量	25%	20%
成本	35%	20%
交付	15%	25%
能力	10%	10%
服务	15%	25%

这是一个大的原则，具体根据采买的物料品类和供应商类型还会有所微调，即使对同一采购品类的同一供应商，仍旧采取不同的绩效评估标准。后来很自然地，面对 B 事业部的业务支持需求，部分原有供应商无法跟上其变化从而失去在 B 事业部的销售份额，采购部门引入了一批新的供应商来满足 B 事业部对柔性及客户体验的需求。同时，采购部门也培养了一批能跟随企业改变的步伐而调整步伐的综合实力更强的供应商。

因此，企业应当根据采购战略目标来确定绩效管理的重点，最终来检验供应商的业绩和效能是否能支撑采购战略的实现，从而最终支撑企业的商业发展，甚至协同供应商推动产业链的发展。

3.3 供应商绩效管理流程

理解了采购战略与供应商绩效的关系，才能谈供应商绩效管理流程，也就理解了为什么我们一直强调不要直接照搬标杆企业的供应商绩效管理模板和流程。企业的供应链模式不同，采购目标差异就很大，自然绩效管理也就不会一样。

从大的环节来看，供应商绩效管理流程分为四大步骤，如图 3.3 - 1 所示，分别是绩效规划设计、绩效评估标准确定、绩效过程评估及绩效结果应用。

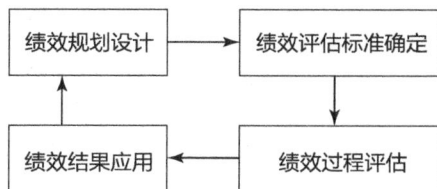

图 3.3-1 供应商绩效管理流程

3.3.1 供应商绩效规划设计

供应商绩效体系规划主要是为供应商绩效体系设计顶层架构，也就是想清楚为什么做，做成之后能达成什么样的目标以及该往什么样的方向落地。如此一来，设计一个完整的顶层架构就必须明确图 3.3-2 所示的要素。

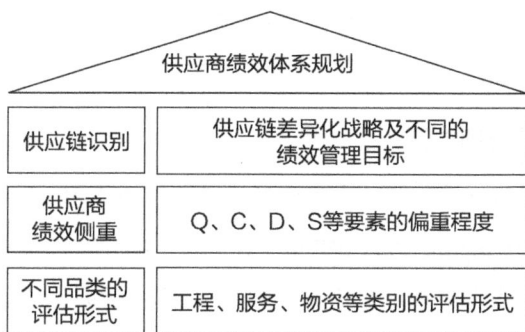

图 3.3-2 供应商绩效体系规划要素

（1）供应链识别，即企业竞争战略和供应链战略解读。

（2）供应商绩效侧重，即根据供应链战略确定供应商绩效的侧重点。

（3）不同品类的评估形式，即区分品类并确立好绩效评估的类别及评估形式。

1. 明确供应链战略与供应商绩效管理目标

供应商绩效体系规划首先要对企业竞争战略进行解读，以及对企业经营的产品进行分析。大多数企业并不是单一的竞争战略，而是在不同事业部或者不同产品类型上有不同的竞争战略，也就是通常所说的"你的企业有几条供应链"。

绩效管理采用的各项指标描绘了供应商的画像，按这套绩效指标评估出来的供应商就是最终能支撑企业战略目标实现的理想供应商，这是绩效管理的内在逻辑。在不同的供应链下，供应商绩效管理的目标是不一样的，如表 3.3-1 所示。

表 3.3-1　不同供应链下供应商绩效管理目标

差异化供应链	供应商绩效管理目标
精益供应链	和供应商共同在产业链中获取有竞争力的成本优势
渠道供应链	获得质量稳定、可靠的产品和供应链支持
柔性供应链	借助定制和柔性生产的能力来满足个性化的高端客户需求
敏捷供应链	能通过产品、技术等维度积累独特的创新优势

2. 供应商绩效管理的侧重点

对于不同的绩效管理目标，管理侧重点就要有所区分，以常见的 Q、C、D、S 这四个维度为例来看：对于渠道供应链，侧重于质量；对于精益供应链，侧重于成本；而对于柔性供应链，侧重于个性化定制和服务体验；对于以技术创新取胜的敏捷供应链，其优势则体现在快速交付上。综合而言，不同竞争战略下供应商绩效管理侧重点如表 3.3-2 所示。

表 3.3-2　不同竞争战略下供应商绩效管理侧重点

竞争战略	供应链特性	采购战略	供应商绩效管理侧重点
产品质量	渠道供应链	协同采购	Q※※※※※ C※※※※ D※※※ S※※

续表

竞争战略	供应链特性	采购战略	供应商绩效管理侧重点
成本控制	精益供应链	集成采购	Q※※※※ C※※※※※ D※※ S※※※
客户体验	柔性供应链	响应采购	Q※※※ C※※ D※※※ S※※※※※
技术创新	敏捷供应链	反应采购	Q※※※ C※※※ D※※※※※ S※※※

当然，很多企业不仅存在一种供应链模式及采购战略，很多情况下是多种兼顾、有所偏重，因此，结合企业采购战略和品类要求，应当制订不同的绩效管理方案。这个部分主要在大的绩效管理目标下，根据品类的特性差异赋予绩效评估标准不一样的权重，至于如何差异化地赋予权重，在"供应商绩效标准确定"中会予以详述。在绩效规划的顶层设计中，需要明确的是供应链的特性、绩效管理的目标及侧重点这几个大的方向和原则。

3. 对采购品类进行分析，确定绩效评估方式

绩效评价的整体目标是一致的，但是由于采购品类不同，供应链特性、供应资源现状等存在差异，就不能用一套绩效标准去评价不同品类的供应商。

从绩效评估的形式来说，一般有定期性绩效评估和项目性绩效评估两种方式。定期性绩效评估指按固定的时间节奏，批量地对某类供应商在合作中的综合表现进行评估；项目性绩效评估指在单次采购合作后，对该合作供应商在此次合作中的综合表现进行评估。

它们适用的品类有差异，如表3.3-3所示。

表 3.3-3　不同供应商绩效评估形式适用品类

绩效评估形式	定义	适用品类	品类举例
定期性绩效评估	按固定的时间节奏，批量地对供应商在合作中的综合表现进行评估	高频重复购买的物资或服务	①生产类物资，如包材、电子件、五金件等 ②重复购买的服务，如餐厅、班车等服务
项目性绩效评估	单次采购合作后，对供应商在此次合作中的综合表现进行评估	项目运作性的物资或服务	①基建工程类，如厂区建设、食堂建设等 ②营销活动类

（1）定期性绩效评估，更适合高频重复购买的物资或者服务。比如生产类物资，因为生产是持续性行为，故而生产类物资大多是高频重复购买的；还有企业所需的标准化服务，比如园区草坪修剪、班车、餐厅等常规服务，此类服务几乎每天都在发生，且具有一定的标准性，故而更适合定期对其供应商进行评估。

对于定期性绩效评估来说，企业还需要确定绩效评估的周期，如月度、季度、半年度或年度。原则上，供应商绩效评估周期不适宜长于半年，以免反馈不够及时，导致企业无法及时校正供应商的问题，同时也不能及时进行激励，使绩效管理的效果打折扣。

对此，企业可以考虑通过对物料重要程度进行分类来定义评估频率。图3.3-3所示为按照供应风险和采购金额两个维度来定义物资或服务类别的重要程度的模

图 3.3-3　利用卡拉杰克模型定义评估频率

型，这个模型称为卡拉杰克模型，这个模型在供应商关系管理中也会用到。

根据重要程度来看，战略类物资和瓶颈类物资是要重点关注的，则可以按月度或季度进行评估；而杠杆类物资和一般类物资的评估周期更长，还需根据每个企业投入的资源或者订单的关闭周期等来调整。比如 IT 系统对数据的核算很重要，完全凭人工来进行指标计算和考核时，如果按月度考核，恐怕这次考核刚刚结束，下次考核又要开始了，因此要根据情况选择最核心的指标和稍长一些的评估周期，同时完善手段。

（2）项目性绩效评估，更适用于按项目运作的物资或服务，比较典型的就是基建工程类，此类采购往往按项目运作，项目周期一般为数月以上，可在项目结束后启动对该供应商的项目性绩效评估。还有部分船舶企业、飞机制造相关的企业也适合使用项目性绩效评估，因为虽然供应商提供的也是生产类物资，但往往以单个项目招投标的方式来决定合作供应商，所以也是以项目形式来进行绩效评估。另外还有企业所需要的一些营销活动或者营销宣传，因为每个项目的差异较大，提供的服务也不尽相同，着重考核供应商在这个项目上的表现，所以也常常使用项目性绩效评估方式。

总之，我们进行供应商绩效规划的目的就是确立供应商绩效管理的目标，对采购品类进行分类是为了将采购目标相同、需求相同的供应商放在一起进行平行比较和绩效管理，这样的绩效管理才能起到客观、公正、公平的效果，最后根据品类特点和其他企业现行情况来确定评估频率，当然更重要的是在后续供应商绩效管理的过程中根据效果和问题来回顾绩效管理规划是否有需要调整的地方，敏捷迭代和修正，方能发挥供应商绩效管理的效用。

3.3.2　供应商绩效评估标准确定

在确立了供应商绩效评估的管理目标、考核品类和频率后，企业就需要进一步确立每个考核品类的供应商绩效评估标准，包括评估的维度及其定义、权重、评分方式、评分人等每一个细节，确保供应商绩效管理能有效地落地。

1. 绩效评估标准建立原则——SMART 原则

绩效评估标准确立的过程不能求"大而全",抓住重点才能更有序地评估供应商,让供应商明白采购方的目标,并共同朝这个目标努力和改善。绩效评估标准的建立要尽可能符合 SMART 原则。

(1) S (Specific) 表示具体的,指绩效考核要包含特定的工作指标,不能过于含糊。

(2) M (Measurable) 表示可量化的,绩效指标是数量化或者行为化的,验证这些绩效指标的数据或者信息是否是可以获得的。

(3) A (Attainable) 表示可实现的,指绩效指标在付出努力的情况下可以实现,避免设立过高或过低的目标。

(4) R (Relevant) 表示有相关性的,指绩效指标与工作的其他目标是相关联的,绩效指标是与本职工作相关联的。

(5) T (Time – bound) 表示有时限的,强调完成绩效指标的特定期限。

2. 绩效评估标准建立步骤

绩效评估标准建立的过程我们称之为"三定":一定评估维度和权重,确定评估的维度,衡量的公式、定义和权重;二定评分标准和评分方式,确定如何评分,如何采集评估数据,去哪里采集,多长时间采集一次;三定评估等级。绩效评估标准"三定"如图 3.3-4 所示。

	一定:定评估维度和权重			二定:评分标准和评分方式				三定:评估等级
评估大项	大项权重	评估小项	小项权重	评分标准	评分方式	评分人	评分人权重	等级
质量	%	·…… ·……	%	尽量使用客观的评估区间	打分制	质量人员	%	A、B、C、D
成本	%	·……	%			商务人员	%	
……	%	·…… ·……	%			交付人员	%	

图 3.3-4 绩效评估标准"三定"

（1）确定评估维度和权重。确定评估维度就是明确供应商绩效的评价角度，简单来说，企业对供应商的需求是什么，就要去评价什么，如果企业自己都不重视、不管理、不评价，那这种要求就只停留在口头，供应商不会重视，更不会按企业设定的目标去努力。

既然企业发展需求和供应链竞争需求、对供应商的需求在发生变化，从原来的交易关系到合作关系、产品联盟、战略联盟，企业通过与供应商的优势互补、密切协同发展优势，在供应商的绩效表现上就会从原来的交付、价格、质量、服务向更多维度拓展，通过多维度的关注、管理来和供应商共同提升综合能力。

一般来说，综合各行业的情况，供应商绩效评估标准通常会从 Q（质量）、R（响应）、D（交付）、C（成本）、E（环境）、S（服务）、T（技术）这几个维度来进行综合评估。不同企业根据具体战略需求导向，产品品类不同、经营模式不同，不同时期的侧重点不同，会对上述维度进行不同的取舍和补充。

接下来介绍常用的一些评估维度，给大家一些参考。与供应商开发评估不同，绩效评估更关注实际合作中的绩效表现和价值贡献，并要能够实际反映出与企业需求目标的差距。

①质量（Quality，Q）。质量是产品立足的根本，所以质量绩效分解通常在绩效管理里是必不可少的维度。企业要和供应商通过持续的改善进行专业的质量管理，从而获得质量优势。质量维度常见指标如表3.3-4所示。

表3.3-4 质量维度常见指标

常见指标	释义简述
物料来件的优良品率	来料符合标准的比率
质量保证体系	整体质量管理的规范性
检测能力	质量检测的能力
供应商物料入库检测质量状态	评估来料的质量合格状态
供应商 PPM	反映产品质量检验水平的一个标准，即提供给客户的 100 万个零件中不合格品的比率
供应商新产品 OTS/PPAP 完成状态	OTS/PPAP，指的是手工样件与试生产，可在与供应商正式签订采购协议前用于考核供应商的能力

其中，我们要重点阐述 PPM 以及供应商新产品 OTS/PPAP 完成状态。PPM 是反映产品质量检验水平的一个标准，即提供给客户的 100 万个零件中不合格品的比率。为了达到这个标准，就必须保证工序质量，将坏品率控制在有效的范围内。例如 1PPM，就是百万分之一，意味着 100 万个产品中，坏品数量为 1 个。企业应当与供应商不断讨论，确定合理的 PPM，并严格遵守、认真检查，保障产品质量的水准。

同时，这也是对企业物料部门的任务要求：收到供应商的物料后，必须展开有效的抽样检查，尽可能使用自动化检查装置在生产线上进行全数检查，必要时还得进行双重或三重检查。

OTS/PPAP 指的是手工样件与试生产，可在与供应商正式签订采购协议前用于考核供应商的能力。通过对样品品质的分析，可以判断其品质能否达到要求，此为 OTS；样品确认后，供应商进行少量试生产，进一步确认产品品质，以及预测供应商的生产效率，此为 PPAP。这是新市场开发的重要步骤，尤其是当企业决定推出新品时，物料部门必须对 OTS/PPAP 进行严格监督，一旦发现有隐患，必须立刻停止合作。否则，等到正式开工之时，发现问题频出，那么可能影响之后所有的工作，包括生产、市场营销、客户拓展、经销商计划制订等方面的工作。这会造成严重的成本浪费。

三星 Note7 手机"爆炸门"事件就是典型的 OTS/PPAP 考核不良导致的风险事件。在对供应商进行 OTS/PPAP 考核的阶段，三星并没有做更为完整的测试，为了抢占市场不得不快速投入生产。但随后一系列手机爆炸事件的爆发，各国航空公司的禁用，让这款原本关注度极高的手机，迅速被市场抛弃。尽管三星果断停止销售该款手机，并一再出面道歉，但对品牌产生的负面影响已经不可逆转。

Note7 手机的问题，就在于设计之时出现了漏洞，如果能够做好 OTS/PPAP 考核，那么问题就会在早期有效暴露。所以，通过三星的 Note7 手机危机可以看到：想要做好供应商的绩效管理，企业必须严格对待、认真执行 OTS/PPAP 考核。

②响应（Response，R）。响应通常反映出供应商和企业合作的意愿度，以及供应商内部的管理能力，反映供应商是否能快速敏捷地对采购方发出的询报价、订单、新项目给予反馈和支持。响应维度常见指标如表3.3-5所示。

表3.3-5　响应维度常见指标

常见指标	释义简述
订单响应周期	评估对需求的响应速度
询报价响应时间	评估供应商的服务及内部效率
新项目参与度	评估对新项目的积极响应程度
质量问题的解决时长	供应商的服务和质量处理能力
异常处理及投诉处理	对异常问题处理的速度和效率

③交付（Delivery，D）。交付维度通常用来衡量供应商对交付计划的执行完成度及产能弹性。交付维度常见指标如表3.3-6所示。

表3.3-6　交付维度常见指标

常见指标	释义简述
交货的及时性	及时交货笔数百分比
扩大供货的弹性	产能弹性
样品生产的及时性	新项目交付及时率
送货数量的稳定性	交货数量的准确率
特定产品计划遵守率	交货承诺达成的百分比

④成本（Cost，C）。在目前我国制造业大部分以精益供应链为主的背景下，成本也是必不可少的评估维度，用以评估供应商的性价比。成本维度常见指标如表3.3-7所示。

表3.3-7　成本维度常见指标

常见指标	释义简述
调价幅度	降价成效
价格竞争力	与市场比较价格
成本降幅	降价成效
成本节约率	实际给企业带来的成本节省

⑤环境（Environment，E）。环境对一些规模较大的企业，尤其是品牌影响

度较大的企业是非常重要的，因为其产生的影响和可能使企业付出的成本很大，故而也会在环境维度上评估供应商的绩效。环境维度常见指标如表 3.3-8 所示。

表 3.3-8　环境维度常见指标

常见指标	释义简述
社会责任	遵纪守法，缴纳税款；对供应商和销售商诚实守信；坚持可持续发展与节约资源、保护环境等
安全生产管理	主要包括安全生产法律法规；安全生产管理组织机构和人员；安全生产责任制；安全生产操作规程；安全生产教育与培训；安全生产监督检查；安全生产资金投入；奖励与处罚等
安全技术	主要包括机械设备伤害预防；车辆伤害预防；电气伤害预防；火灾预防；有毒有害气体预防；地理、气候等自然因素伤害的预防；化学性灼伤、烫伤的防护；安全防护装置、保险装置、信号装置、检测装置的设置等
劳动卫生	主要是防止职业病、职业中毒和物理伤害，确保劳动者的身心健康。例如，低温、高温等异常条件下作业的安全防护；高频、微波、紫外线等放射性物质对员工健康危害的防护；静电危害与预防；预防、控制噪声对员工听觉系统的危害；防止强光和照明不足对员工视觉的危害
工作时间和休假管理	主要是执行国家有关工作时间、休息时间的规定；执行国家有关年度休假和探亲假的规定；严格限制加班等

⑥服务（Service，S）。服务维度用来衡量供应商提供的售后服务的可靠度、稳定度以及合作过程中的管理服务等，对于部分以解决方案和服务为核心产品和竞争力的企业来说，服务是较为重要的评估维度。服务维度常见指标如表 3.3-9 所示。

表 3.3-9　服务维度常见指标

常见指标	释义简述
配套售后服务能力	售后处理的能力
共同改进的态度与行动	参与改善的主动性
参与开发积极性与成果	共同成长的积极程度
发票等单据的准确性	基础服务的准确性

⑦技术（Technology，T）。技术维度用来评估供应商的技术先进性和迭代创新能力，对以技术创新为核心竞争力的企业来说，会更为看重技术维度。技术维度常见指标如表 3.3-10 所示。

表3.3-10　技术维度常见指标

常见指标	释义简述
工艺技术的先进性	工艺技术水平
后续研发能力	研发能力评估
产品设计能力	设计能力评估
技术问题的反应能力	问题解决能力评估

在确定了评估的维度之后，接下来就要考虑评估的具体权重分配。在前面也说过在不同供应链下，绩效管理的目标是不一样的，而这里要强调的是，在同一供应链下，不同品类的绩效管理目标也会在这个大原则下有些许差异。

例如手机、计算机芯片这一品类，其技术和产品基本被行业内几家巨头垄断，供应商数量极少，因此，企业评估供应商的绩效时就会重点关注交付。而对于通用物料的供应商而言，评估供应商的绩效时就应该重点关注成本和服务水平。如果企业将成本和服务水平作为主要评价指标，去评价垄断型供应商，并且将之与其他通用物料供应商放在一起评价，就会出现垄断型供应商得分明显低于通用型物料供应商的情况，此时，如果根据评价结论利用优胜劣汰原则将垄断型供应商淘汰，企业自然会发现这种评价存在的明显问题。

这里依然使用卡拉杰克模型来对物资进行区分，图3.3-5所示为利用卡拉杰克模型来定义绩效标准的侧重点。

图3.3-5　利用卡拉杰克模型来定义绩效标准的侧重点

某企业利用卡拉杰克模型对物资进行分类，并结合过往绩效评估过程中发现的问题，经过综合评估对供应商绩效评估标准进行了优化，如图3.3-6所示。

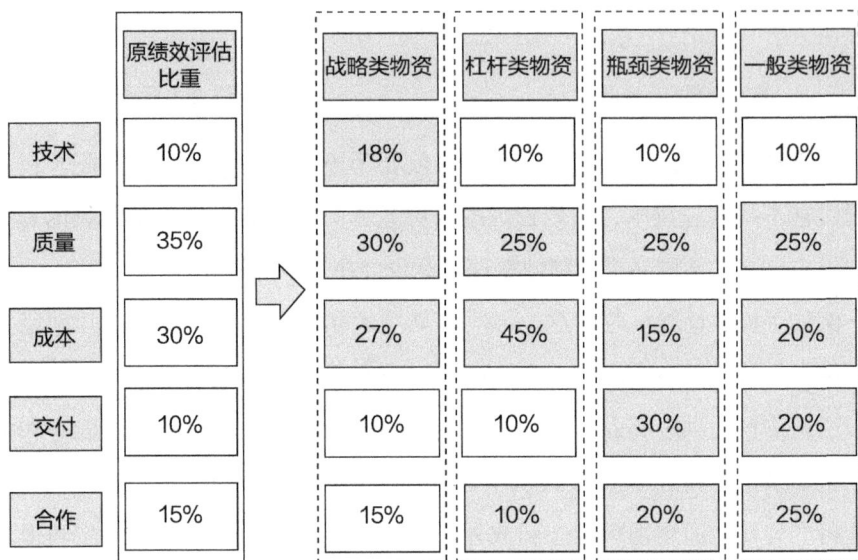

	原绩效评估比重	战略类物资	杠杆类物资	瓶颈类物资	一般类物资
技术	10%	18%	10%	10%	10%
质量	35%	30%	25%	25%	25%
成本	30%	27%	45%	15%	20%
交付	10%	10%	10%	30%	20%
合作	15%	15%	10%	20%	25%

图3.3-6 某企业利用卡拉杰克模型优化后的供应商绩效评估标准

这里需要强调的是，尽管不同的物资会有不同的考核维度，但仍需关注整个品类的管理是处于哪种供应商战略、哪种采购战略下的，要时刻注意供应商绩效管理是否遵循了整体的原则，并在这个原则下根据品类的差异化特点进行调整。

确定了评估维度和指标，之后就是权重的确定。在前文对权重的确定有过重点介绍，主要根据供应链特性和物资细分来确定权重，引导供应商的绩效管理。企业实际操作的过程中，不应全面地进行评估，越简单越好，先选取重要且客观的指标进行评估。

（2）确定评分标准和评分方式。确定了评估维度和指标之后，企业就要对评估指标进行更细致和客观的阐释并赋予分值。为减小评估小组成员理解的差异，企业需要对评估指标进行定义，指标要尽可能客观量化，如评估及时交付程度时可以用及时交付率、交付周期等比较客观量化的指标。

主观量化的评估结果会随评估人员的差异而有所不同，如供应商沟通能力、服务配合度等。在量化评估中，全部客观量化固然简单，但极可能由于量化指标设计错误而产生错误的评估结果。故在量化评估中，绩效考核对于通常会增加主观量化的内容来微调整体的结果，当然这都是基于产品采购目标而定的，不是为调整而调整。每个指标的定义都要明确数值的范围以进行评分或者加减分，最大限度地避免评估人员的专业度和主观性造成的评审风险。

以下是确定标准和分值范围的案例。

①对于成本维度中的价格竞争力指标，可以首先由采购部门与财务部门联合确定行业平均水平，然后针对每项物料每批次的价格进行评分。如物料价格高于行业平均水平，每高出10%，扣10分，超过30%则不得分。

②对于质量维度中的产品验收合格率指标可由生产部门和品控部门联合考核：在产品验收时，如发现不合格则扣10分，如果连续不合格超过3次，那么不得分；使用过程中，如出现质量问题，每次扣5分，造成质量事故不得分。

③对于交付维度中的延迟交付指标，可以由采购部门、仓储部门和生产部门等共同记录和考核。如供应商交付延误，但延误时间在1天以内，则扣1分；如果延误严重或影响了企业生产，那么扣5分等。对于及时交付率指标则可以约定物料数量的误差在±0.3%之内，可以接受；如误差超过0.5%，应当扣1分；如果物料数量明显不足，对企业正常生产造成严重影响，则扣5分。

在确立了评估指标定义和分值之后，就需要确立数据采集方式，一般有以下3种。

①定性分析法：主要是评估人员根据以往的资料和经验，对评估对象做出分析和判断，从而对供应商进行考评。

②定量分析法：主要是采用定量计算的方法来进行供应商考评，如成本分析法、调查法、现场打分评比法等。但是这需要客观准确的数据，在很多企业都难以收集到这些数据，故通常将定性和定量两个维度相结合分析。

③定性与定量结合的方法：在对供应商进行评价时，有些指标是定性指标，

有些是定量指标，采取定性和定量结合的方式，可使考评结果更加准确、全面。例如综合评判法，具体步骤如下。

1）根据考评目标确立供应商考评的指标体系。

2）确定每个指标的权重系数。

3）进行综合评判，公式为：

$$Z_i = \sum Y_{ij} \times W_j$$

其中：Z_i 代表第 i 个供应商的综合评价值；Y_{ij} 代表第 i 个供应商第 j 项指标的评价值；W_j 代表第 j 项指标的权重。一般而言，综合评价值 Z_i 越高，说明供应商总体绩效越好。

但有些内容确实存在无法客观评估的问题，原则上并不是完全不允许主观评估出现，一个大的原则就是主观评估所占比重要尽量小，而且要尽量定义清晰，不产生歧义。某企业的单个供应商评估表示例如表 3.3-11 所示。

表 3.3-11　供应商评估表示例

供应商				物资		
总得分				时间	年　月　日至　年　月　日	
项目	考核内容	考核部门	满分	考核标准	得分	评估意见
质量	进料批次合格率	质量管理	30	$\dfrac{合格数}{总交货数} \times 100\%$		
	制程异常	生产部	10	每发生一次扣 1 分		
交期	交货准时性	采购部	20	按订单延迟天数扣分		
服务	服务质量及沟通回复频次	质量管理	8	依评分标准进行		
	退换货及时性	采购部	7	依评分标准进行		
价格	价格水平	采购部	10	依评分标准进行		

续表

项目	考核内容	考核部门	满分	考核标准	得分	评估意见
配合度	品质改善及生产进度配合	采购部	10	依评分标准进行		
其他	其他部门对供应商的评价	其他相关部门	5	依评分标准进行		
	总分	—	100	—		
备注						
部门审核意见			签字（盖章）： 日期： 年 月 日			

（3）确定评估等级。在所有的供应商评估完成之后，还需要对供应商进行分级，设置区间，便于资源的优化配置和奖惩激励，通常有以下几种做法。

①直接使用分数划分等级，比如以下方法。

低于60分：不符合企业要求，不予考虑。

60~70分：供应商达到及格水准，但某些方面存在明显不足。对于非核心、非长期项目，可以适当选择。

70~85分：良好级别的供应商，某个领域具有较强的竞争力，可以与其进行相应合作。同时，应当提出相应意见，要求供应商进行改善和升级。

85分以上：优秀供应商。这类供应商在某些领域甚至具有垄断地位，与企业核心业务关联密切，应当作为重点合作对象长期维持。

②使用分数划分绩效等级，比如使用S、A、B、C这样的等级来代表不同的绩效分数区间，如表3.3-12所示。通过等级划分可以比较清晰地看到不同等级的比例关系，S和C比例过大和过小都是不正常的，此时应该要回顾绩效评估的标准是否有不恰当的地方。

表3.3-12 供应商绩效结果分层示例

绩效等级	绩效等级描述	绩效分数	各绩效等级建议比例
S	绩效卓越	绩效分数≥90分	10%以内，可缺省
A	绩效优秀	90分＞绩效分数≥80分	45%~50%

续表

绩效等级	绩效等级描述	绩效分数	各绩效等级建议比例
B	绩效良好	80 分 > 绩效分数 ≥ 60 分	40%~45%
C	绩效不合格	绩效分数 < 60 分	10% 以内

在经过评估维度和指标确定、评分标准和评分方式确定及评估等级确定这"三定"后，绩效评估标准就完全确定下来，并且与评估团队相关成本达成一致。这个过程涉及的工作比较细碎且烦琐，需要采购经理心里有目标，手里有工具，脚踏实地地围绕绩效管理的目标来工作，初期切忌追求"大而全"，可以先挑重点指标和能提取到量化统计数据的指标开始迭代，然后逐步完善。

3.3.3 供应商绩效过程评估——沟通与反馈

图 3.3 – 7 所示为一般的绩效评估过程，而在其中，企业必须关注有效的沟通与及时的反馈。

在确定评估标准后，则进入评估实施的过程，在进行具体的绩效评估之前，有一个重点环节就是与供应商进行目标沟通。

目标沟通就是告诉对方企业自己需要什

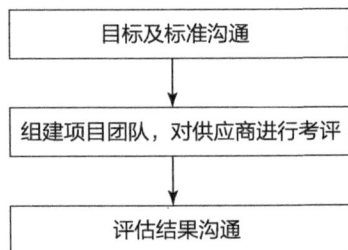

图 3.3–7 绩效评估过程

么、在乎什么，即通过绩效考核的指标与权重设计，明确地向供应商传递目标的同时进行确认，并将这些目标作为考核供应商综合能力的标准。

这样一来，企业可以让供应商充分了解企业需求，有针对性地改善与提高产品供应能力与服务质量。这一步的目的是价值观传递。前面的环节和步骤是将企业的战略分解成对供应商的具体要求、可量化的指标，也就是帮助企业厘清"我是谁、我需要什么"的问题，这一步就是通过目标沟通准确地告诉供应商企业需要什么。

我知道不代表别人也能清楚地知道，因此就需要通过目标沟通有效和准确地传递信息，从"我知道"到"你知道"。让供应商清楚地知道企业倡导什么、需要什么、在乎什么，这就是价值观传递。只有企业与合作伙伴价值观趋同才有可能合作和相互理解，才能共同前进；没有价值观的认可，双方充其量就是交易和买卖关系，也就谈不上绩效管理和供应商管理。

所以企业的评估标准需要结合采购目标，并且还需要就绩效评估标准与供应商进行沟通，也就是告诉对方"我需要什么，在乎什么"。

这里要提醒大家一点，告诉供应商企业需要什么的同时，也要清晰地告诉供应商企业不需要什么、无法容忍什么，把红线和黄线画出来，黄线就是企业容忍的底线，红线是不可碰触的，供应商一旦碰触红线就让其停止供应甚至取消其资格。

很多企业在设计绩效指标体系的时候往往不注重这个环节，但往往因这个环节的缺失，在考核出问题的供应商的时候容易把握不好尺度：要么处罚过重，伤了多年的合作情谊；要么处罚过轻，引起其他供应商的不满，继而引发对考核的公平、公正性的质疑。所以在设计绩效指标体系的时候一定要注意把黄线和红线设定清楚。

然后进入具体的评估过程，首先组建考评团队，再次说明评估标准、时间要求，确保团队成员清楚项目的意义和自己承担的职责。

依据评估指标的特点，可以制订出不同的评估方法以供考评团队参考使用。比如集体评分法、问卷调查法、现场调查法等。

（1）集体评分法。这是目前绝大多数企业采用的评分方式，确定职责后，大家各自通过供应商的平时表现，从系统提取数据或者独立客观地根据评分标准进行打分，最终将评分人的分数汇总。

（2）问卷调查法。其是指按照设定的调查项目设计问卷，由被调查者填写问卷后用于归类统计的方法。在某些指标上比如客户满意度、投诉事件等会采用这样的方式。

（3）现场调查法。其是指经过考评团队成员在现场观察、调查、确认信息，最终完成调查工作的方法。

最后与供应商沟通评估的结果。当考核完成之后，关于考核成绩的信息，企业需反馈给供应商，让供应商对自己的能力有清晰的认识。如果没有这一过程，供应商难以知晓自己是否需要改善，或哪些方面需要改善。

对于重要供应商，建议与其进行面对面的正式沟通，当面确定绩效的问题和原因，并制订相应的行动计划和完善时间，供应商绩效沟通记录表示例如表3.3-13所示。

表 3.3-13　供应商绩效沟通记录表示例

供应商绩效改进方案

主要绩效问题
问题原因分析
改进行动措施
预期达到目标
计划改进完成时间

日期：
供应商签字：
商务签字：

一旦发现供应商不能通过考核，接下来就要推动其改善，这也是绩效考核的战略沟通、改善依据与优胜劣汰三大目标之一。

供应商能否拿到有效的解决方案，将会直接影响到企业后续经营顺利与否。这一阶段至关重要，如果供应商不能进行有效改善，很有可能导致接下来的生产工作陷入拖延困境，直接造成成本的增加。

由于企业流程规定或者系统中有供应商绩效评估的环节，一般采购及供应链成熟度较高的企业都会完成供应商绩效评估打分的过程，但是在沟通过程中，往往只发个邮件告知结果；更有甚者，由于系统普遍没有要求跟踪与供应商沟通的过程，很多采购并没有完成与供应商的沟通，这其实比不做更糟糕，因为前期的投入都浪费了。

供应商绩效评估是个循环渐进式的过程，哪怕在上一步确定的绩效评估标准并不十分全面客观，只要后续的过程能够不断迭代，也能收到显而易见的成效。这好比产品的版本升级，不停让供应商绩效评估向企业采购战略靠近或者解决日常低效的问题、降低风险。

3.3.4 供应商绩效结果应用——体系改善

企业必须要应用供应商绩效管理，而其应用的目的就是持续改善整个体系。因此，企业必须从以下几个方面着手。

1. 实现供应商绩效管理体系的持续改善

在前面介绍过，若在引入供应商之后，不进行有效的供应商绩效管理，在开发阶段投入的资源和获得的效益在合作之后的几个月便会消失。供应商绩效管理能帮助企业持续获得供应商的比较优势，所以供应商绩效管理体系的持续改善是非常必要的。

绩效管理体系的改善也是从绩效评估的 4 个模块——绩效规划设计、绩效评估标准确定、绩效过程评估、绩效结果应用进行反思的。任何评估体系的改善过程都是敏捷迭代的过程，先做起来比放任不管好，做的过程中会出现很多问题，要分析原因，寻找解决对策，逐步完善绩效评估体系和流程，然后用 IT 系统进行固化，便能够逐渐提升采购成熟度，支持企业获得更好的业绩。

供应商绩效评估中的常见问题如表 3.3-14 所示，企业可以根据问题对体系中的每个模块不断优化。

表 3.3-14 供应商绩效评估中的常见问题

供应商绩效评估中的常见问题	需优化模块
评估频率高，每次匆忙评估，缺少与供应商的深度沟通 评估频率低，没有及时奖惩，供应商对绩效评估没感觉	绩效规划设计
指标过于复杂，获取难度大 主观评估项过多，造成评分差异较大	绩效评估标准确定
供应商不了解企业的采购目标，无法有的放矢地改善 供应商不清楚自己的排名和改善方向 供应商不清楚绩效评估结果对自己的影响和好处 全部由采购来完成评估，其他角色未参与	绩效过程评估
奖惩不及时、不落地，该淘汰的供应商未淘汰 绩效与供应商采购份额之间没有直接关系 供应商不知道如何改善，也无法获取企业支持	绩效结果应用

2. 实现供应商动态分级差异化管理

在"开发供应商后的分阶段、分级分类管理"中，有提到正式供应商会进入企业的供应商管理体系并对其进行分级管理，分级管理便于企业差异化地使用资源和与供应商合作。当然差异化分类只是实现绩效管理的手段，每个企业都可以根据自身情况进行分类，最重要的是，每个分类的标准要比较清晰，而且绩效评估的结果要能够作为供应商分级的输入信息，从而让供应商感受不同分级对其的影响，从而让供应商调动更多的主动性和积极性来改善绩效。

前文已经介绍了几种供应商分级的方法，可以根据不同的侧重点对供应商进行不同的分级。供应商绩效能够牵引供应商在分级体系中上下调整，从而与奖惩和激励手段结合起来，促进供应商持续改善和提升绩效，帮助供应商分级、切实地落实下去。

3. 辅导供应商改善及发展

对供应商的绩效管理能发挥作用，不只是因为绩效达标后的奖励，也是因为绩效落后时的惩罚。

供应商改善涉及的环节有很多，单纯使用某一种技巧，很难取得整体的改善。所以，企业同样应当加入供应商绩效改善之中，对其进行监督、辅导，提供完善的改善方案。

企业参与绩效改善，会对供应商的进步起到十分积极的作用：供应商能够感受到企业的真诚，因此愿意配合相关行动。但如果只停留在"要求传达"的层面，往往会让供应商产生"他在压迫我"的想法，反而不愿意主动进行改善。

在绩效管理中，如果供应商难以达标，企业就要考虑启动辅导发展程序，通过驻厂协调和技术指导等方式，推动供应商的绩效提升，让其达到企业绩效管理标准。通常而言，辅导的实施步骤如下。

（1）收集资料。收集供应商的相关资料，包含关键问题、改善意愿等。

（2）了解状况并解析。要求供应商派人讲解或实地了解实际状况。依据实际状况，和供应商成立联合改善小组。

（3）对策研究。研究改善对策。

（4）对策实施。实地监督或由供应商自行将改善对策落实实施。

（5）效果确认。依据联合改善小组提出的成效报告进行效果确认，或赴现场做改善效果的确认。

（6）标准化。要求供应商将各项有效的改善对策做成标准资料。

案例：丰田公司的供应商绩效辅导

如今，制造业正处于转型升级的过程，生产厂家经历了跑马圈地般迅速占领市场的阶段，不可避免地存在着良莠不齐的情况。特别是核心技术依然掌握在外国公司手中的当下，虽然我国的一些制造业企业销售额动辄过亿元，甚至过十亿元、过百亿元，但是大部分是以量取胜，或者是以牺牲一部分质量来占有市场的。这里说的牺牲质量换取市场的情况很常见。比如企业的产品不良率虽然较高（或者稳定性、可靠性稍差），但是由于企业的人工成本相对低廉、价格便宜，发生客户投诉时又能够及时提供较好的售后服务，所以很多时候客户对质量问题也就忽略不计了。但是，这毕竟不是长久之策。提高产品质量、降低不良率才是解决问题的根本所在。国内的企业不仅要提高自身的产品质量，更重要的是提高供应商的质量。因为，供应商的来料质量问题往往会制约企业自身的发展。

在国内，每家制造业企业都有自己选择供应商的标准和对供应商的考核方法。但是，无论企业的规模大小，很少听到有企业（外资或者独资的制造业企业除外）向供应商提供"指导"。很多国内企业针对供应商的考核都是根据企业制订的标准给供应商打分，对于分数低于目标值的供应商采取约谈、责令改进的措施，效果不好则减少订单量、暂停订单、终止订单、更换供应商等。那么，除了这些，有没有其他的好方法呢？

让我们来看看丰田公司是如何对零件厂商进行管理的，以及是如何进行零件外包的。看看其有哪些经验值得我国企业学习和借鉴。

丰田公司对零部件供应商的观念，基本上从丰田喜一郎时代到现在都没有改变过，那就是"共同成长"。丰田喜一郎对零件厂商所持的论调与"木桶理论"是相同的，即"能力最弱的厂商的水平会决定企业集团的水平"，由此衍生出"共同成长"的理念。

不仅如此，丰田公司的合作厂商组成了协丰会、荣丰会，它们开展的活动在丰田公司的零件厂商管理方面是不可或缺的。这些活动包括制作与丰田管理体系图相互连接的零件制造厂专用管理体系图，在集团内共享；制作对应丰田公司的"质量保证规程"及"设计审查运用要领"的零件制造厂专用"项目开发体系图"；制作对应丰田公司的"成本管理规章"的零件制造厂专用"成本企划活动手册"，并加以运用。

同时，整个丰田公司与供应商之间有一个非常核心的部门叫作运营管理咨询部，该部门大概有50个人，他们都是丰田生产方式，也就是精益生产方面的专家。他们面向所有核心供应商成员企业提供免费服务，但同时对接受咨询的供应商有一个要求，就是在改进成功之后，作为"示范案例"或"最佳实践"，该企业必须接受丰田公司安排的其他供应商成员企业前来现场观摩，进行现场案例学习。这其实是丰田公司在成员企业之间传播知识的手段，也是构建协作活动的有力措施。

丰田公司还不断引导供应商之间互动，每年都会帮助供应商确定提升自己公司能力的主题，一旦确定之后，小组内部就会成立小集体团队，每个小组的成员都会对每一个细节进行诊断，找到存在的问题，甚至提供解决方案，并且去实施。通过这种集体会诊的方式，把学习知识和解决企业当前面临的问题完美地结合起来。当然，丰田公司为了避免一些潜在的问题，不会把是直接竞争对手的供应商放在同一个小组。

最为重要的一点是，丰田公司制订的"采购规定"明确表示："已决定为本公司外包的工厂，应认定其为本公司的子工厂，原则上若非不得已不做改变，否则必须尽可能努力提升该工厂的成绩。"

丰田公司把供应商当成亲密的合作伙伴甚至是子公司，而不是与之维持简单的供需关系，互相派遣驻厂工程师，从源头的开发设计到生产加工的每一个环节，从降低成本、控制质量、确保交期的各个方面对供应商进行指导，最终实现和供应商共同成长。这些做法非常值得我们借鉴。

辅导供应商的过程，也就是把供应商当作企业的一部分、一个车间或一个部门来看待的过程。

企业要把自身和供应商当成一个紧密联系的整体，例如，丰田有丰田系、本田有本田系，特别是日本、德国、美国的一些企业，这些企业的组装厂无论设在哪个地方，配套的一些供应商也会跟着走。这是非常关键的合作关系，在长期合作中，大家在流程、配合、质量要求、服务要求方面是有一定默契的，是有一定规则的。

当然，帮助供应商的前提是其本身就具备一定的成长性，具备被帮扶后能够改善的能力。这样的供应商，企业就要想办法去帮扶，其有技术问题时，派企业的团队帮助解决，共同研发；而对于供应商本身，有问题要跟企业讲，一起面对。

这个时候，企业跟供应商的关系就会悄悄发生变化，变成服务和被服务的关系，变成帮扶和被帮扶的关系，变成互相成就、互相促进、共同发展的关系，而不再是简简单单的需求供应关系、上下游关系。

4. 基于战略需求动态调整合作模式

此前我们也多次强调供应商绩效与采购目标之间的关系，故而当战略调整时，要基于调整之后的战略目标对绩效评估的维度进行调整，以此来牵引供应商乃至整条供应链为实现采购和供应链目标而努力。否则，没有从上至下的分解和从下至上的支持，战略目标只是空话，最终整个企业的转型也会像多米诺骨牌一样随着一些小事情引发的连锁反应而最终崩塌。

比如近些年被讨论的环保问题，随着环保要求越来越严格，在过去追求成本和质量的基础上，很多企业会提出绿色供应链的要求，并将其传导至供应商，故环保、社会责任等绩效要求也变成供应商绩效的一部分。供应商因环保问题被停工停厂对企业来说也具有非常大的风险。因此，和原有供应商的合作模式会被调整，部分环保意识薄弱和措施不到位的供应商的绝大多数物资份额也就不会被保留。

在推行组件化采购的过程中，将原来可能零散化的原材料组成组件包，在产品研发阶段就以组件包形式进行，那如何在原有物料供应商中确定组件包的供应商呢？依然是通过目标与绩效评估结合的方式，采购和产品部门整体对各个组件包的组成以及更看重的特性进行评估。比如有些组件包是市场供应较为标准的物料，更看重成本表现；有些则体现关键性能，更看重质量表现。然后根据核心器件相关厂商整体的绩效表现，包括成本、质量、技术实力等，确立和这些原材料厂商的合作模式，将一部分厂商直接转变成组件包供应商，一部分转为二级供应商等来适配战略需求。

同理，很多战略需求的转变都需要供应商绩效评估来做支撑决策，来刷新和供应商的合作模式，甚至改变企业内部产品开发、市场推广的方式。

5. 供应链运营绩效改善优化

供应商的绩效指标与供应链的运营绩效息息相关，比如供应商交付维度的指标，采购提前期、及时交付率对整体供应链的库存周转率有非常大的影响，企业的库存周转率改善一方面看企业自身的整体库存规划，另一方面也需要供应商的积极支持。有很多企业都会不断推动供应商按天交货，甚至按时区进行动态配送，也就是通过供应商的交付绩效推动整体供应链的周转，减少任何可能出现的库存暂存和仓储及资金占用成本的情况。

供应商成本的改善也绝不只是着眼于供应商本身的价格改善，从供应商的供应链总拥有成本（Total Cost of Ownership，TCO）来看，企业可以和供应商一起分析供应链中的费用来源，然后通过改善工艺、优化流程等方式降低成本，这也是大多数日本企业通过供应商绩效评估促成供应商的供应链整体运营绩效优化，甚至自身供应链运营绩效优化的做法。

从质量的维度亦是如此，此前笔者所在的企业发现，某电子器件的供应商的质量分数总是较低。由于此器件用于某款高端产品，而且能供货的供应商较少，为独家供应，没有可比较的对象来发现其中的原因，后来通过和供应商共同寻找原因，一起调研了行业内其他同类产品的器件供应后才发现，我们提出的质量标准有些过度，造成供应商可能为了额外的质量付出了较多的努力。通过此次评估也反过来促使企业采购部门和产品开发部门探讨如何制订合适的质量标准，评估项目的启动和企业对其的重视对采购和供应链来说是非常好的消息。

还有一点收益则是，企业通过供应商绩效评估可反推各个维度走向客观化、标准化，并建立各个维度的指标和监测体系。比如初期质量指标全部为人工统计，不仅不够准确，而且导致供应商评估时质量维度形同虚设，供应商也并不买账。因而质量相关部门也面临极大的挑战，做出很大的努力来进行指标的优化，并对其进行信息化，从而走向一个良性的循环，以整个供应商绩效评估为手段去促进各个部门的良性改善。

总之，采购对供应商的绩效管理不要太过于狭窄，要转变为对整个供应链的运营绩效管理，通过由点的管理向面的管理发散，促进对整个供应链的优化。与此同时，企业可将供应商管理的触角延伸到对其上下游进行管理，将动态的供应商管理模式与供应链管理结合，根据供应商的质量、管理水平与订单关联性，对供应链中的各个点与面进行关联，每个点围绕面联动，也就更能够发挥采购的价值，使供应商绩效评估发挥更大的作用和取得更好的效益。

6. 实现供应链的系统改善

因为供应链各个链条之间互相制约和影响，所以除了运营绩效的改善外，在进行供应商绩效评估时，跳出供应商端和采购端的单点和局部优化，站到更高的位置来看，从企业自身供应链的视角来进行运营绩效优化，有时甚至从企业合作伙伴的大供应链的视角来进行更加深远的优化，则能实现整个供应链的系统改善。

对此，我们可以借鉴某制药企业的由供应商绩效改善延伸到供应链系统性改善的思路。

某制药企业在进行供应商绩效评估时发现，自己的几个主力外包装供应商的质量评分均很低。这几家厂商都是行业内具有一定领先优势的企业，同时出现质量评分非常低的情况可能是个系统性问题，后来查明其主要原因为外包装的色差和喷码问题。色差作为胶印行业的行业问题长期得不到根本解决，严重影响了企业品牌的形象。采购和质量团队针对这种令人头疼的情况进行讨论，最终决定尝试建立可视数字化的交付标准，借助外力帮助供应商建立印刷过程的色彩控制操作规范，从供应商提升的角度来完成提高产品质量的目标。

于是，纸盒色彩管理项目于 2 个月之后启动，由采购部门牵头，在企业品牌部门、质量部门的积极配合下，通过印刷专家的技术指导，经过 8 家纸盒印刷厂、2 家纸张供应商的积极努力，在长达 8 个月的工作之后结项，完成了《包装产品质量检验手册》。该手册对色彩质量标准、评分送检方法、检验工具及标准等方面均做出具体规范，在国内该行业内建立了数字化的印刷品产品标准，同时帮助下游纸盒供应商建立了色彩管理标准和操作规范。

标准实施后产品质量和稳定性大幅度提升，色差等印刷质量缺陷明显减少，产品上机适应性也大幅提高，产品质量标准由原来的感官标准全部量化为数字标准。供应商建立标准化规范后废品率大幅降低，对产品质量的控制由原来的依赖个人经验到按规范操作，产品一次合格率大幅提升，而且色差问题得到了有效控制，不同供应商、不同批次、不同时间生产的同一产品的色差完全在可控范围内。供应商实实在在地感受到了色彩管理带来的好处，不仅将其应用在该企业的产品上，也应用在其他客户的产品上。纸盒色彩管理项目不仅有效改善和提升了该企业的产品质量，也帮助供应商进行了整体改善和提升，增强了企业竞争力。

3.4 供应商复核

供应商复核是指正式供货之后的供应商稽核，主要应用于重复性采购的供应商。现在市场环境变化非常快，每个企业的情况也在动态变化，即使是与企业长期合作的供应商，我们也需要按一定的频率对供应商的发展情况进行稽核，从而更新供应商的信息，并判断是否需要重新定位合作关系和发展策略。

3.4.1 供应商复核的目的

供应商复核的目的主要有两个。

1. 基于当前的回顾性验证

供应商复核的第一个目的是基于当前，对供应周期内出现的历史问题进行回顾性验证，稽核供应商是否整改、改善落实是否到位、整改措施是否有效，并且用制度流程去固化，这是稽核的重点。

一般企业在对供应商的管理中，都会要求供应商对出现的问题进行回复，如临时性的措施，问题原因的分析，后期整改方案、整改计划和整改效果；还会要求供应商提供整改的证据，例如现场整改前后照片、相关问题的培训记录、培训签到表、考核结果等。总之就是要督促供应商整改到位，以后不能再有同样的问题。

但是在长期稽核中发现，很多供应商对问题的分析和处理都是表面的，或者说没有找到真正的根源，往往都是临时应付。在稽核中，企业应拿出供应周期中的一些典型问题，对照供应商当时经过企业认可的整改方案、整改措施现场稽核，看看这些措施是不是临时性的、流于表面的，或有没有形成制度和流程从而有效避免今后发生类似问题，人员是否经过培训、培训是否有效……通过稽核，企业可以充分看出供应商的改善态度和改善能力，这也能真实地反映供应商实际状况。

2. 基于未来的综合考察

供应商复核的第二个目的是基于未来，综合考察供应商的潜力和抗风险能力。

随着我国经济与世界经济的全面接轨，以及国内经济结构性调整，企业经营受外部市场、政治形势等的影响愈来愈大。采购活动作为企业运营的最前端，必须具备更加敏锐的嗅觉，防止诸多不确定性演变为采购风险。

潜在风险将伴随着采购过程，影响采购的完成。采购管理过往注重成本、效率、质量等管理目标，而今在实现目标的方式和手段上则更需要加强战略管理及风险管理，而供应商复核就是管理风险的其中一个手段。

3.4.2　复核步骤

供应商复核一般分为两个步骤。

1. 确定供应商复核的规则

企业可以根据行业稳定性、供应商稳定性等几个大的变动因素，确定供应商复核的规则，比如稳定性相对较好的企业，复核的周期相对可以长一些，反之则需要短一些。

此外，复核的信息也需要分门别类地进行重要程度划分和了解。通常而言，一般有半年一次、一年一次、不定期这三个复核频率，不定期通常适用于工艺流程有变更、改善措施实施之后、产生重大的风险（如高层变更等）之后。

2. 确定复核方式、人员、流程

一旦确定对供应商进行复核，就要在企业内部组建复核小组，对复核小组成员进行复核系统培训，统一认识；同时跟供应商进行详细的沟通，将复核的目的、计划、标准、要求以及需要的配合，清楚无误地传达给对方，获得供应商的理解与支持。如果是因某种需要进行突击审查则无须通知。

3.4.3　复核关注点

针对合作中的供应商的复核，不同于新供应商引入和新产品开发前的品质体系审核，人、机、料、法、环的过程审核，企业社会责任审核等成体系、全面的审核，而会更有针对性地复核供应商的迭代、改善趋势和能力，由此来判断供应商长期批量提供产品的可靠性以及是否有能力进行更大范围内的合作。

1. 品质管控是否到位以及技术能力的迭代升级情况

重复性采购中，品质标准的一致性格外重要。在持续、重复的交付过程中，是否存在关键岗位人员更换、工艺制程变更、关键材料替代但未按事先约定告知，甚至未进行充分测试的情况，这是需要格外注意的复核重点。

在供应商有意隐瞒时，复核人员还需要细心地与生产线工人进行交谈，查阅相关文件甚至现场生产的产品等，确保品质达到标准以及重复批次的一致性。

供应商复核还需对供应商品质能力评估进行更新，比如品控管理体系是否升级，是否对生产线进行升级改造，对采购方的质量标准要求是否理解、是否有支撑的措施，是否更新了品控资源，如硬件开发及测试环境、品控人员的能力更新。这样企业能够对长期合作的供应商的技术能力和品质实力进行长期趋势预判：如若供应商整体反应和行动低于行业平均水平，那和它们的长期合作就值得注意了；如果高于行业平均水平，则可以考虑合作更多的项目。

2. 柔性交付能力的迭代提升

未来企业无论是用以成本优先的精益供应链，还是以技术优先的敏捷供应链，柔性都是需要提升的因素，所以供应商的柔性交付能力是需要不断提升的。

主要可以从以下途径来检查供应商的柔性交付能力是否在各个渠道上进行升级。比如供应商是否有新增加的自动化机器设备或相关计划；在对工人的柔性管理上，是否制订了工人快速切换和上岗的能力提升计划；在生产设备上，设备的先进性如何，软硬件设施是否升级换代；在人力资源上，不同层级、工种的人力配比情况及资源使用情况如何，员工的士气和状态如何等。

3. 技术创新能力的演进

随着我国的战略调整，经济增长模式从粗放型增长模式向依靠科学技术、高素质劳动力和技术创新的高效率增长模式转变。而创新来自有活力的企业，尤其技术创新是能给行业和企业带来改变的创新方式。

供应商的技术能力决定供应商是否可以持续推动产品以及生产工艺的更新换代，故而企业要复核供应商是否持续营造了有利于创新的企业文化氛围，是否有对技术能力的探索和升级计划及具体举措，尤其是面向产业或者技术升级的应对方案。

4. 风险控制能力优化

供应链就是环环相扣的供需链，在控制内部风险的同时，应有效应对外部风险，以确保供应链的正常运作。

一方面可以通过获取供应商过去几年的年度财务报告和分类账目进行分析，

关注供应商潜在的财务风险及收购合并可能性，评估其抗风险的能力。

另一方面也要关注供应商的日常经营风险，可通过库存管理水平、决策有效性、人员流失率等来判断。

总而言之，尽管和供应商处于长期、稳定的合作关系，但企业仍然要定期或不定期以动态的眼光来看待与供应商的关系，动态地制订供应商绩效管理策略，因此供应商复核是不可缺乏的管理环节。

3.5　好的供应商具备什么特点

年末是各大公司采购团队忙着准备供应商大会的时间，除了确定公司的宏伟愿景，对来年关键绩效指标（Key Performance Indicator，KPI）的要求，最后当然少不了要表彰年度最佳供应商（Supplier of the Year）。每到这个时候，自然有很多不同的声音，品管、技术及生产部门都各有想法，拿出一个公平公正、让各部门及供应商心服口服的表彰名单对采购供应链管理者是一个挑战。一个成功的公司背后大多有一个高水准、响应速度极快的供应链。

好的供应商对每一个企业来说都是很珍贵的重要资源，企业也会建立供应商绩效评估标准去评估出企业认为好的供应商，肯定并且激励这些优秀供应商与企业成为长期合作伙伴，实现共赢发展。那么好的供应商应具备什么特点呢？虽然每个企业有自己个性化的要求，但是从供应商的功能和特性以及承担的职责来说，能够提炼出一些共性的标准给大家作为参考。

3.5.1　共同愿景及长期目标

成功的供应商管理，需要供应链上的参与者对管理整体的成本有共同的愿景。如果成员不合适，或成员没有以正确的策略愿景从整体流程的观点来看待供应链，那么整个供应链是运作不起来的。供应商必须清楚地了解整个供应链的流程，同时所有成员都应该设法将整体的采购成本降至最低。

3.5.2 维持注意力

供应商管理的第一步，便是签订契约以及拟定计划。成功的供应商管理需通过一连串流程的执行产生效能。采购方以及供应商必须针对所定的目标维持某一程度的专注。如供应商的管理与整体流程成本的控制等，双方在加强关注的同时也必须小心处理，以免因这些环节处于劣势，而陷入只关注价格的状态。

当企业确定了供应商名录中的优质供应商时，还要准备好与这些供应商分享提高产品利润的想法，以便提高供应商所售产品的利润。这样做可以向供应商表明降低成本（比如通过使用更便宜的材料）不是持续提高利润的唯一方法。

与此同时，企业也要关注通过培训等其他方法，提高供应商的员工的技能水平。

3.5.3 风险分担

即使采购方与供应商都投入了大量的时间和精力，但一些风险仍然会不可控地发生。这些风险并不是采购方或者供应商某一方的责任，而是供应链整体运营或宏观市场的突发情况所致。此时，供应链所有的成员必须共同分担风险。

即使企业已经与供应商确认整体目标和共同愿景，但对方仍需对采购合作予以担保或保证，从而确认风险发生时的责任分配。只有让供应商分担部分风险，供应商才会积极配合，并主动交换信息，这对共同目标的达成会产生真正的助益。

对于供应商而言，订单取消或推迟是严重的风险之一。

库存管理最简单的原则在于库存量绝不超过需求量，然而，这句话说得简单，做到却很难。为此，企业在生产之前，应当对库存周转率以及日库存量进行预估，当库存超过预定的水平时，应立刻关闭这条供应链。

对于尽量减少有缺陷的产品和知识产权被盗的风险，以及控制成本来说，供应商的能见度非常必要。即使企业的实力比不上大公司，但企业必须了解采购产品中使用的不同材料的出处。因为有的供应商为了节省成本经常更换它们自己的供应商，了解这一点尤其重要。

3.5.4 信息共享能力

供应商信息共享能力，是影响采购管理的关键因素。供应商可靠地、正确地、及时地共享信息，将使采购方不必多花一些额外时间，就可了解供应商的知识及消息。原则上，供应商必须建立一个信息自动共享的流程。

如果企业要自行建立一个收集信息的专责部门，将会浪费许多时间，同时也会使企业生产力降低，或损害与其他工作的关系。企业必须做好产品发布后的供应商监管工作，避免因某一环出现问题影响全局。

企业可以关注几个核心指标，每天或每周检查一次，把更多时间花在构建共享工具上。

3.5.5 沟通

沟通是采购管理者在日常工作中最基本的要项。不管是采购方还是供应商，都必须保持沟通管道的畅通。当一个项目进行更进一步的拓展时，特别是在流程改造的时候，建立一个畅通、及时以及诚信的沟通管道更是重中之重。

要达到这种沟通境界，企业必须建立起一个与企业相关联的附加网络——一个采购方及供应商都可以存取信息的安全性网络基地。这个附加网络可以用于信息的交换、洽商，也可用于供应商资格审查。

然而，企业也要认清一点：不论是附加网络还是其他的沟通方式，都只是工具而已，不管沟通工具为何，保持沟通管道的有效性才是最重要的。

如今，企业常用的第三方报告和年度报告已经不足以建立合作关系，因此建立一个包括反馈在内的成熟的沟通机制势在必行。这样可以避免误解的产生，同时可在问题演变成危机前把问题解决。

理想的状态是，企业应当向供应商派驻一个具备业务知识和专业技能的现场团队，以便对供应商的工厂进行定期拜访，而不仅仅是当出现问题时才去拜访。

如果目前无法采取这种做法，企业则要提高拜访供应商的频率，确定供应商是否有能力及时满足订单要求，以及是否有能力生产高质量的产品。工厂拜访还能够使企业了解供应商的员工人数和他们的技能水平，评估供应商的无形资产以及供应商的领导能力和增长潜力。

此外，当企业要求供应商提供样品时，就要提供非常具体的要求，并派遣自己的工程师监督生产流程，以便确保样品是由供应商内部生产的而不是从他处采购的。

3.5.6　分享的态度

采购管理者和供应商是否能心平气和地坐下来，并且诚实地讨论有关成本控制、企业要素，以及其他近似机密的信息呢？维持成功的采购与供应关系需要所有的成员对各种成本及成本控制投注相当大的心力，但投注心力后得到的信息，也必须与合作方开诚布公地分享。

如此一来，借由供应商的选择、适当的愿景、合理的关注焦点、信息共享以及沟通等，再加上企业自身的特色，企业在管理任何形态的供应链时，都能得心应手，进而降低整体采购成本。

成功的供应商管理者，最终将与采购管理者达成双赢。这种供需关系最先由日本企业采用。它强调在合作的供应商和生产商之间共同分享信息，通过合作和协商协调相互的行为。

（1）制造商对供应商给予协助，帮助供应商降低成本、改进质量、加快产品开发进度。

（2）通过建立相互信任的关系提高效率，降低交易、管理成本。

（3）长期的信任合作取代短期的合同。

（4）比较多的信息交流。

对此，我们可以借助以下案例进行理解。

案例：从智能手机品牌 2018 年年报看供应商现金周转情况

通过对表 3.5-1 进行分析，我们可以做出以下对比。

表 3.5-1　各智能手机品牌现金周转情况

名目	华为	三星	苹果	小米
经营活动产生的现金流（百万元）	10 890	60 926	77 434	
现金流在营业收入中的占比	10%	27%	29%	
现金周转天数（天）	70	106	−83	22
应收账款周转天数（天）	70	50	31	77
应付账款周转天数（天）	77	23	123	126
库存周期（天）	77	79	9	70

（1）应收账款周转天数：苹果表现得最好，表明其产品最具市场竞争力，从客户那里收到钱的时间最短，才 31 天，其次是三星，再次是华为，小米最次。

（2）应付账款周转天数：三星对供应商最好，平均 23 天就将款付给供应商了。苹果的供应商需要 123 天才拿得回货款，跟小米的供应商差不多。华为算是中等。

（3）库存周期：苹果对库存的管理最好，产品在库 9 天就能够出库销售，远远好于三星（79 天）和华为（77 天）。

（4）现金周转天数：苹果表现得最好，为负 83 天。

以上分析就是通过不同的特质评价供应商的优劣。企业应客观公正地评价供应商，激励和发展优秀供应商，增加供应链资源竞争力。

绩效管理的概念较多在管理学中被提及，主要围绕其工作所达到的阶段性结果，以及在达到过程中的行为表现进行评价和管理。因此，绩效包含"绩"和"效"两方面。"绩"是指业绩和管理目标，代表结果；"效"是指效能，体现的是管理成熟度，其本质是一种行为过程。同样，供应商绩效管理也是围绕供应商提供给采购方的阶段性结果和过程中的行为进行评价和管理的。

纵观多个行业的企业，会发现供应商绩效管理的成熟度与采购的成熟度成正相关关系。一般采购成熟度较高的企业的供应商绩效管理做得还不错，而采购成熟度较低的企业，可能在供应商开发和寻源的流程完备性和资源投入上都较好，但是在供应商绩效管理和关系管理上不尽如人意，主要体现在：要么完全没有对供应商进行绩效评价，更谈不上改善；要么绩效管理流于形式，并没有真正起到绩效管理的作用。

第4章
供应商关系管理

　　供应商关系管理主要实施于与企业采购业务相关的领域，企业通过与供应商建立长期、紧密的业务关系，并通过对双方资源和竞争优势的整合来共同开拓市场，扩大市场需求和份额，不断优化和降低合作成本，实现双赢的企业管理模式，最终实现扩展协作互助的伙伴关系、共同开拓和扩大市场份额、实现双赢的系统目标。

4.1 基于品类及物料划分的管理原则

物料是企业与供应商关系的核心纽带，企业需要采购物料来维持企业的正常运营，供应商则需要通过销售物料来实现盈利。因此，供应商关系管理首先要根据品类及物料对供应商进行划分，并遵循相应的关系管理原则。

4.1.1 品类划分

常说"复杂性是供应链的天敌"，一个上亿元规模的企业少则有上百种采购物料，多则有上千种采购物料，而物料分类是能帮助企业解决采购和供应链复杂性相关问题的利器。很多采购及供应链专业书籍都会提及物料分类，但是大家在应用的过程中往往容易忽略其中的一个前提条件，那就是品类差异。

物料分类之前要做品类划分，品类通常指在客户眼中的一组组商品和（或）服务，它们相互关联或可相互替代。采购管理主要以品类为基准进行管理。依照品类之间的关系，分层次以树状结构描述，就形成图4.1-1所示的采购品类树。

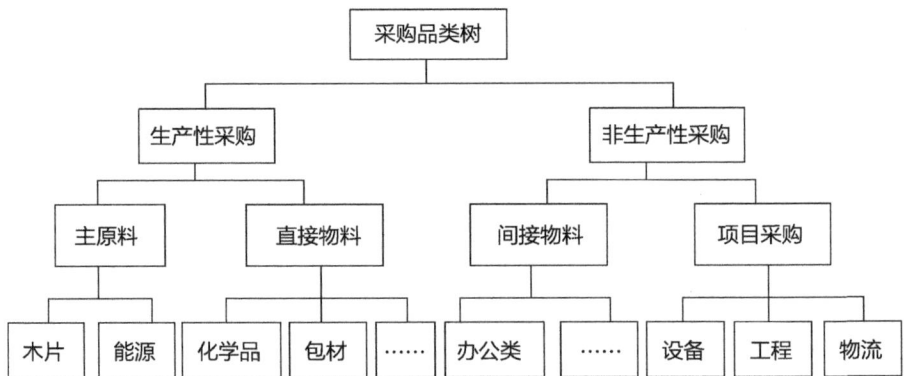

图4.1-1 采购品类树示例

当然，每个企业对品类的定义有所差异，比如华为的一级采购品类分为生产类采购、工程类采购、行政类采购、软性服务类采购，IBM 的一级采购品类则分为生产类采购及服务和一般采购两种。企业可以接着将相关联的物料细分，比如生产物料下的二级品类为元器件类，三级品类则为电容类、电阻类。管理精细度更高的企业或者三级品类差异仍然较大的还会再分四级品类，如电容类又分为片状电容类、铝电容类等。

总之，企业需要将品类细分到同一供应市场的维度，以便于后续的物料细分。否则，如果物料品类的划分不够细致，分类就不具备可比意义，比如将电容类与电阻类放在一起分类就没有任何意义。当然，采购品类树的建设不是一蹴而就的，企业也可以从重点物料出发逐步理清、迭代改善。

4.1.2 物料分类

进行了基本的采购品类划分后，企业就可以继续进行物料分类。

进行物料分类时可以使用卡拉杰克模型，这是一个识别供应商关系策略与匹配度的常用模型。该模型最早出现于彼得·卡拉杰克的《采购必须纳入供应管理》一文中，随着该文章在《哈佛商业评论》发表，卡拉杰克率先将投资组合模型概念引入采购领域，为企业带来适用于采购组合分析的卡拉杰克模型，如图 4.1-2 所示。

图 4.1-2 卡拉杰克模型

卡拉杰克模型的横轴为供应风险（Supply Risk），涵盖了供应市场复杂性、技术创新、物流成本和供给垄断等市场条件；纵轴为利润影响（Profit Impact），表现为采购物资在产品增值、总成本、产品收益等方面的战略重要性。

企业可以从以下维度来对物料的供应风险进行评价。

供应风险取决于产品供应链特性和自身属性，以及采购人员专业度、经验值等多种因素。如果产品为市场上较为通用的产品，其供应风险相对较低。供应特性也会带来风险，供应市场竞争相对较为充分，厂家进入门槛较低的时候，供应风险较低。采购人员经验较为丰富或者发生的供应问题对业务影响程度不高时，供应风险也较低。

企业可根据所在行业、企业自身的特殊情况，针对影响供应风险的特殊维度进行评分，也可以较为客观地对供应风险进行评估，可以参照表4.1-1所示的供应风险评估。

表4.1-1　供应风险评估

维度	要素	内容	分值
供应市场的特性	市场产能	可预见性的供大于求或不易降低过剩产能	1分
		可预见性的供求平衡或对于需求增加能快速扩容	2分
		可预见性的供求平衡或对于需求增加不易扩容	3分
		可预见性的供小于求或对于需求增加不易扩容	4分
	替代品可获取性	替代品可轻易获得	1分
		替代品获得有轻微难度	2分
		替代品较难获得	3分
		替代品很难获得	4分
	竞争程度	有多家可比较供应商，有压倒性支配优势的独家供应商不存在，历史上无垄断行为产生	1分
		有几家可比较供应商，有压倒性支配优势的独家供应商不存在，历史上无垄断行为产生	2分
		有少数几家可比较供应商，有压倒性支配优势的供应商存在，行业内存在整合趋势，潜在垄断行为存在	3分
		只有独家供应商具备供货能力	4分

续表

维度	要素	内容	分值
供应市场的特性	进入壁垒	只需少量投资，无特别管控流程，低技能需求，技能和资源可以轻易获取，无市场保护，一般性产品	1分
		所需投资较少，有一定技能需求，技能和资源获取较容易，市场保护程度较低	2分
		所需投资较多，技能需求较高，技能和资源获取有一定难度，市场保护程度较高	3分
		需要大量投资，存在特别管控流程，高保护市场，需要高技能资源，稀缺技能，市场受专利产品支配	4分
	优质供应资源可接近程度	主要在本地市场	1分
		主要在本地周边市场	2分
		主要在国内其他区域市场	3分
		主要在海外市场	4分
产品、服务标准化程度	产品、服务标准化程度	有统一标准，标准化程度很高	1分
		有标准，标准化程度较高	2分
		标准化程度一般	3分
		个性化的产品、服务，缺乏统一标准	4分
采购人员的经验	采购人员工作年限	>5年	1分
		3~5年	2分
		1~3年	3分
		<1年或0年	4分
产品、服务质量或供应出现问题时对工作的影响	对成本及收入的影响	对成本影响微弱或无影响	1分
		少量额外成本产生	2分
		累计额外成本产生直到最终解决	3分
		对成本有非常大的影响	4分
	客户服务受影响程度	对工作影响不大，感知不明显	1分
		感知影响存在，对工作有一定影响	2分
		对工作产生初步影响，如不解决会有恶化趋势	3分
		对工作有立即的、明显的影响，且会持续加大直到问题解决	4分

对于供应风险的阈值，可以先根据实际情况使用平均数或者中位数，然后根据历史数据进行适当调整来确定。

从利润影响维度可以将采购金额占比作为一个重要的考量因素。

在这两个因素的作用下，卡拉杰克模型将采购物资或者服务分为以下四个类别。

（1）杠杆类物资（Leverage Items）。

（2）战略类物资（Strategic Items）。

（3）一般类物资（Non - Critical Items）。

（4）瓶颈类物资（Bottleneck Items）。

在完成分类后，需要对物料分类进行动态管理，如图4.1-3所示。对于供应风险较高的战略类和瓶颈类要通过优化、开发新供应商等手段转化为供应风险较低的杠杆类或一般类，降低供应风险；对于采购金额较小的一般类和瓶颈类可以通过标准化、打包采买等多种方式向杠杆类或战略类转化。总而言之，动态的审视和管理是有必要的，目的是控制并且降低供应风险。

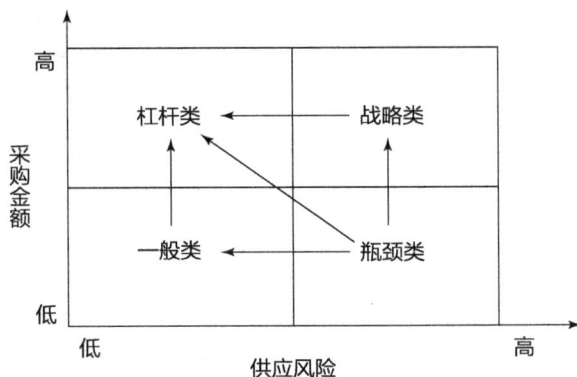

图4.1-3　对物料分类的动态管理

4.1.3　战略类物资的管理策略

战略类物资在企业采购的物资或者服务中一般占据核心地位，采购支出金额较大，同时可能因为技术、供应商等方面的问题供应风险较高。战略类物资一旦发生供应问题，则会给企业带来严重的影响，甚至影响整个企业的存活。战略类物资是企业采购战略的重心，如对大多数车企、船企、重工企业来说发动机就是重要的战略类物资，对手机或计算机企业来说 CPU 是重要的战略类物资等。

为了确保达成战略类物资的采购目标，企业需要通过严格的筛选程序，选择力量均衡的供应商，并与其建立紧密的战略联盟关系，让供应商尽早介入，从而在共同创造、垂直整合中提升长期价值。

针对战略类物资的管理策略，结合不同的供应商情况有不同的差异化策略，这在后续还会结合物料分类和供应商分类进行进一步的分析，但对战略类物资的管理来说，通常有以下几个方向。

（1）改善协调需求，从企业内部进行改善。

（2）推动供应商早期参与新产品开发，扶持同类全系产品开发。

（3）与供应商建立更为紧密的合作关系，在技术、信息和管理等方面加强交流与合作。

（4）联合团队共同致力于持续改善质量和降低成本。

案例：某通信企业的战略类物资采购组合策略

我国某通信企业长期购买一种存储器，该存储器成本约占整个产成品成本的35%，而且这种存储器的供应市场为寡头垄断市场，全球范围内只有三家巨头供应商。由于该企业并不是这三家供应商的核心客户，故而在面临供应紧张的局面时，也时常面临很高的供应风险。结合其采购价值，该存储器显而易见为该企业的战略类物资。针对以上情况，采购经理组合使用了以下策略来应对。

1. 改善协调需求

通过联合硬件开发团队、成本团队、质量管理团队等共同对现有局势进行客观分析，达成了未来向某几种主流存储器集中的共识，并且在可能的情况下，尽可能保证至少两家供应商通过测试，有能力进行供应，首先消除选型的随意性带来的一系列困难。

2. 与核心供应商发展战略关系

供应商 A 正大力拓展我国市场，而且对该通信企业的长期发展十分看好，因此目前该企业虽然不是供应商 A 的目标客户，但是该企业认为自己属于供应商 A 的发展类客户。于是该企业抓住这一机会，请企业管理层和采购高层出面，一年内两次出访供应商 A 的总部，与其决策层会面，向他们描述企业的战略和发展空间，赢得了对方的信赖，供应商 A 将该企业的客户等级提升了一个等级。

供应商 B 在三家供应商中市场份额占比相对较低，而该通信企业未来的成长空间较大，因此供应商 B 也有意和该企业建立良好的合作关系，来提高其不太理想的市场份额。供应商 B 和企业签署了战略合作备忘录，并给予了较大的支持和优惠条件。

3. 加强技术方面的合作深度

该企业与供应商 B 成立联合实验室，共同研发新一代存储器，两边开发团队定期进行沟通并进行技术分享。供应商 B 承诺将新开发的存储器放在该企业的新产品上进行联合发布，并由此拿到特殊折扣，联合拓展市场。

综合以上内容，该企业用组合策略缓解了供应风险，并且维护了与供应商之间的关系，帮助企业在该系列产品上取得了竞争优势。

4.1.4 瓶颈类物资的管理策略

瓶颈类物资具有高风险、低收益的特性，虽然它们的战略重要性较弱，但只能由某一个或少数特定供应商提供，存在供应垄断或运输不便等风险，如某些食品添加剂或汽车零配件等，往往供应商占据相对主导地位，在收益较低时不会与采购企业建立相互依赖的紧密关系。

故而针对瓶颈类物资通常有以下管理策略。

1. 开发有潜力的新供应商

"开发有潜力的新供应商"的本质含义是"发展后备，寻求替代"。这就要求对供应市场进行充分了解与把握，不断寻求新技术、新材料、新货源，同时掌握其价格趋势，必要时采取联合采购方式。"发展后备，寻求替代"不一定是真正要对供应商进行替代，而是有了更多的备选供应商之后，至少可以相对打破垄断或者减轻垄断的程度，从而增加采购方的筹码，降低供应风险。

2. 针对不同的瓶颈问题进行针对性的优化改善或者替代

具体策略：针对质量瓶颈类物资，对供应商进行辅导、整改、开发；针对产能瓶颈类物资，需要与供应商加强计划协同、增进理解和信任，产能不足则开发新供应商补充或替代；针对技术瓶颈类物，资则通过技术交流从设计上降低技术难度，消除壁垒；针对资金瓶颈类物资，则可以实施标准采购，确保正常交付。

3. 建立库存储备

在以上措施都无法降低供应风险时，企业应通过建立库存储备或者支付一定款项请供应商协助备好部分库存或原材料来确保供应。

案例：瓶颈类物资管理实例

某企业有较多对原辅料的需求，需求的数量较少，但是涉及的品类较多，且都属于功能性产品，难以替代，这类原辅料属于瓶颈类物资。每种原辅料有一家供应商，由于数量少，每种价格都不低，服务还差。供应商都不愿意帮忙备库存，怕备了库存在有效期内用不完，一旦过期客户不要就变成自己承担损失了。原辅料的订货周期又长，要求提前半年订货，采购人员都知道，每个月的预测都不准，要么就是买少了，遇到订单波动供应不足，要么就是买多了用不完过期，反正采购时很被动，结果负责进口物料的采购人员也被换了好几个。

新来的采购主管有丰富的采购经验，他来了之后就提出进行打包和整合。一方面对原来三十多种原辅料进行标准化，并和其他相对量比较大的物料进行打包组合；另一方面将原来的二十多家供应商整合到三四家，这三四家的共同特点是同时向同行业其他类似客户供应同品种物料，并且实力都比较强。整合后虽然每个品种的采购量没有增加，但是由于品种增加，供应商的整体采购规模扩大了很多，因此其积极性提高了，合作意愿和服务意识也提高了。同时，由于供应商整合了同行业各企业的相同采购需求，因此单品种的采购规模也扩大了，与上游厂家议价的空间变得更大了，同时也有了备货的可能性。整合后该企业的采购成本比整合前下降了，更重要的是供应商备货，按每月实际需求送货，大大降低了供应风险，同时有效减少了库存资金占用和库存风险。

这个案例中，企业一方面将采购物资的属性从瓶颈类向杠杆类/一般类进行集中和转化，降成本的同时也提升了效率；另一方面也很好地帮助供应商创造优势，利用供应商的优势降低自身风险的同时加强合作关系，在一定程度上缓解了瓶颈类物资带来的掣肘局面。

4.1.5 杠杆类物资的管理策略

杠杆类物资为可选供应商较多，且替换供应商较为容易的物资，其不仅一般具有标准化的产品质量标准，还能为采购方带来较高利润，如大宗的原材料、紧固件和涂料等。

在这种物资的采购中，采购企业占据主导地位，因而与供应商的相互依赖性也一般。针对杠杆类物资的管理，由于其采购体量大，而且可替代性比较强，通常来说其管理重点是成本，常见的管理策略如下。

1. 实施供应商整合，提高产品集中度，发挥规模效应

对集中采购可以有 3 个维度的理解：第一个维度是向采购部门集中；第二个维度是标准化产品的采购向单一或者少数的几个供应商集中；第三个维度是不同产品的采购向同一个供应商集中，实施集成采购，发展集成供应商。企业的不同阶段、不同物料可以采用不同的集中方式，经过采购供应链的发展以及多个行业、多个企业的摸索实践，集中采购一直都是其努力和改善的方向。

某企业某设备的耗材的供应商是杠杆类的供应商。对该耗材，此前执行分散采购，将 1 000 万元的采购量分配给 3 个供应商，相关信息如表 4.1-2 所示。

表 4.1-2　集中采购示例

单位：万元

采购产品	采购金额	集中采购前 供应商			集中采购后 供应商		
		A	B	C	A	B	C
耗材	1 000	400	300	300	1 000	0	0

集中采购前每个供应商获得 300 万~400 万元的采购量，该企业对这三家供

应商来说均不属于销售额较高的客户，因此在质量改善、交货保障以及价格降低方面都难以实现较好的配合。

此时，便可以结合供应商的绩效表现、综合实力进行逐个谈判。当然，对于此类杠杆类物资来说，价格会是最重要的衡量维度。最终较大的可能是：价格最低的供应商获得最多的份额，甚至全部的采购量。

2. 通过招标、价格直降和电子竞价等方式获取成本优势

对于杠杆类物资，除了集中采购外，使用最直接的招标、价格直降等方式也可，因为供应市场竞争比较充分，如果有充分的杠杆，能获取较为优惠的供应条件。

针对此类物资，部分企业也会使用电子竞价的方式，电子竞价又称为网上竞价或网上竞标，是直接、有效的使采购成本下降的工具。电子竞价依托于网络技术，通过增加供应商之间的竞争性来实现企业降低采购成本的目标，以控制成本来提升企业市场竞争力。

但要注意的是，由于每个出价者的出价其他出价者都可以看到，竞价往往比较激烈，在当下企业确实可以获得非常好的成本收益，但是要预防后续供应商以次充好或者交不上货的风险。

3. 扩大寻源范围

在以上两种策略的基础上，也要注意不要局限于现有供应商的范围，可以在全球范围内广泛寻源，寻求综合性价比更高的合作伙伴。

案例：杠杆类物资管理实例

某国资药厂采购包装物料的金额非常大，在市场上有一定的话语权，但是此前几个子公司各自向供应商采购，且彼此没有交流信息。通过分析发现，不同子公司使用的供应商有差异，供应商采购策略和供应商关系也差异较大，发现有较大优化空间。

通过分析发现，各子公司的纸箱供应商可替代性较强，可以进行整合，故而后续优化为整个集团通过招标竞价和绩效评比，将采购量集中于几家较为优质的供应商，并标准化纸箱的质量标准、服务要求、交货期等具体要求，并要

求供应商实施 VMI 管理，按照企业要求进行网上电子对账、明确付款周期等。运作过程中定期对供应商绩效进行评估考核，对不符合期望要求的供应商进行份额比例调整，促进供应商一直保有紧张的竞争情绪，并和其中持续绩效表现良好的供应商进行更深入的合作。

4.1.6　一般类物资的管理策略

所谓一般类物资就是指供给丰富、采购容易、影响较低的一般性采购物资，如办公用品、劳保用品等低值易耗品大多属于一般类物资。这类物资同样具有标准化的产品质量标准。由于其低收益、低风险、易获得性的特点，相应的采购策略应以标准化流程采购、减少相关采购资源投入为主。在无法进行转化的情况下，应适度备有物料库存，避免因临时物料短缺而使工作匆忙无序。

1. 简化采购流程，缩小管理半径

简化采购流程意味着要消除浪费，要重视系统合作，减少采购环节，减少交易活动，降低交易成本。

2. 集成打包采购

企业可以考虑合并品项，集中对品项进行打包，做集成采购，或者将较多品类的一般类物资集中放在某几家供应商手中，推动原本合作得较好的供应商发展或者扩大经营范围开展打包服务，减少供应商数量，降低沟通和管理成本。

3. 外包采购

鉴于一般类物资的低收益，往往使用企业专职采购时投入产出比不一定高，可以考虑将一般类物资打包给专业的外包采购公司进行采买，在一定程度上减少供应商数量。

尤其是当前，有较多综合性的数字化采购平台，其能整合大量供应商资源为企业提供一站式采购，帮助企业解决品类多、供应商分散的难题；同时凭借平台方更强的议价能力，帮助企业与大品牌或原厂签署价格更低、反应速度更快的采购合同，实现库存精简。

4.2 基于供应商感知分类的管理策略

所谓供应商感知，就是指供应商对企业的观感——它们是怎么看待与企业的关系的。任何关系管理都必然基于双方的互动，如果只是企业单方面地管理这段关系，那当然容易陷入一厢情愿的境地，可能企业将供应商看作战略合作伙伴，供应商却只将双方的合作看作一次买卖活动。因此，供应商关系管理同样要考虑供应商感知分类。

4.2.1 供应商感知分类

通过对品类和物料的划分，使用卡拉杰克模型将采购对象按供应市场特性和供应风险程度进行分类，对企业价值进行了定位，即"知己"，是站在企业角度看市场、看物料、看供应商。接下来要"知彼"，站在供应商角度定位供应商如何看待企业以及与企业之间的关系，这里应用的是供应商感知模型，又称为供应商感知定位模型，如图4.2-1所示。供应商感知模型用于"知彼"，从供应商的角度来看待采购方。只有知己知彼，企业才能对双方关系更好地定位，继而制订更有针对性的供应商关系管理策略。

图 4.2-1　供应商感知模型

供应商感知模型的横轴是业务价值，指一笔采购业务或项目的金额占供应商销售额的百分比。一般来说大于 15% 为高，5%~15% 为中高，0.8%~5% 为低，也可以根据行业状况调整。纵轴是吸引力水平，指采购项目中的非货币的吸引力因素，例如战略一致性、财务稳定性、往来便利性、未来发展或间接利益等因素。

同卡拉杰克模型一样，为了避免主观的评价，使用供应商感知模型时可以考虑根据重要性设置相关问题的权重并进行评分。大多数采购咨询项目也会采用类似的方法，针对所在行业及企业的特点设置一系列问卷，并请采购方进行评分，同时也可邀请供应商填写问卷。这一方面可以看到采购方的感知与供应商感知的差异，另一方面也有利于使用供应商感知模型进行更明确的定位。

对于吸引力水平，可以使用表 4.2-1 所示的评分示例表，也可以根据行业特点和供应商的考虑要素进行增加和修改。

表 4.2-1　吸引力水平评分示例

维度	要素	内容	分值
吸引力水平	采购稳定性	没有持续、稳定的需求量（每年的需求量波动很大）	1 分
		每年能保证预计需求量的 0%~30%	2 分
		每年能保证预计需求量的 30%~50%	3 分
		每年能保证预计需求量的 50% 以上	4 分
	交易条件吸引力	采购方提供的价格及合同条款、支付条件相比其他客户差	1 分
		采购方提供的价格以及合同条款、支付条件一般	2 分
		采购方提供的价格以及合同条款、支付条件比较好	3 分
		采购方提供的价格以及合同条款、支付条件非常好	4 分
	费用分摊意愿	采购方不参与供应商的新产品开发	1 分
		采购方参与供应商新产品开发的设计阶段（提供人力支持）	2 分
		采购方参与供应商新产品开发的设计阶段（提供人力及技术、资金支持），或者对供应商有投资，或者双方具有共同投资项目	3 分
		采购方参与供应商新产品开发的设计、制造、销售阶段（提供技术、人力、资金支持，并首选供应商的新产品），或者对供应商进行控股	4 分

经过以上步骤，通过业务价值和吸引力水平对供应商感知进行定位，便可以分出四个类别，即核心类、发展类、维持类、盘剥类。

1. 核心类

核心类供应商感知表明，对于供应商来说，企业具有高采购价值和高吸引力。企业采购项目被供应商看作核心业务，因而供应商会投入大量时间、精力以保持合作关系。对于此类项目，如企业同样认可该供应商的能力，并且供应商供应的品种是企业的重要品种，企业就可与供应商建立战略合作关系，发展长期协同、紧密合作的战略伙伴关系。

2. 发展类

发展类供应商感知表明，对于供应商来说，企业具有低采购价值和高吸引力。虽然采购业务量较小，但供应商看重采购方长期的发展潜力，或因为其他非货币因素，愿意投入时间和精力建立关系，愿意为采购方未来的成长和发展投入精力和资源，不在乎眼前的付出和与目标的差距，甚至愿意牺牲短期的利润来表达良好的合作意愿。如果企业被供应商视为发展类的合作对象，企业可以获得一定的优待（价格、服务、响应等方面），即使企业自身未来有一定的发展前景也需要与这种重视企业的供应商建立较好的关系、共同成长。这类供应商是很好的培养和合作对象，也适合与其建立长期合作关系。

3. 维持类

维持类供应商感知表明，对于供应商来说，企业具有低采购价值和低吸引力。这意味着企业的价格竞争力不足、发展潜力有限，因而在采购中处于弱势地位；供应商的热情也不高，既不看好未来，对现在也无所谓，所以不愿意投入更多的资源和精力去发展关系，也不愿意提供更多的服务和表现出积极性。在这种心态下，企业不一定会付出较高的采购成本，但是个性化的服务要求也往往得不到响应。此种情况下，如果采购方对供应商有其他的合作或者配合需求，就要着力改善这种局面。

4. 盘剥类

盘剥类供应商感知表明，对于供应商来说，企业具有高采购价值和低吸引力。尽管企业采购金额的占比较高，但是出于一些原因，可能只是进行临时性的采购和一次性的合作，供应商也很清楚没有什么长期合作的可能。例如采购方原来的主要供应商因为工厂着火，无法供应，不得已找了另一家供应商，临时供应一两个月救急，等原来的供应商恢复了就将订单转移回去。在这种情况下双方都心知肚明没有长期合作的可能性，因此新供应商会报出非常高的价格来盘剥采购方，其会认为"反正你也不会跟我长期合作，反正你现在也找不到别人，所以一锤子买卖，我不赚白不赚"。所以采购方一定要合理选择供应商，做好供应风险管理，避免成为供应商的盘剥对象。

采购方往往会有甲方思维，主观意识比较强，换位思考能力相对较弱，因此要从供应商的角度去感知，强调和强化换位思考的能力和意识。在实际工作中，如果企业能够清楚地知道供应商是怎么看企业的，将会对企业的策略制订和日常的关系管理产生非常重要的帮助。企业可以反思一下，是否自认为知道和了解供应商的情况，是否真的知道供应商是怎么看企业的。

就供应商感知这个话题，我们采访了许多销售人员，他们会合理地站在客户的角度，用类似的方式分析客户感知，也会把客户分类，综合考虑使用什么样的策略将有限的时间和资源投入能最大限度获取价值和收益的客户身上。

例如，假设在一个剥离其他因素的理想情境下，一个供应商生产产品的固定成本为8元，变动成本为2元，有4种报价（10元、12元、15元、20元），作为销售人员，会如何给产品定价呢？经过对销售人员的调研，根据客户定位的差异，可能的报价方式是这样的。

（1）给发展类客户的报价为10元。这是为了未来的发展和在其他方面获得利益，可以不赚钱甚至少亏钱，因为在发展阶段或刚进入某企业/行业时，采购价值较低不会影响业绩。

（2）给核心类客户的报价为15元。核心类客户必然会投入大量的资源和管理成本，也需要有一定的利润来支撑管理投入和销售回报，同时共同谋求未来更长远的发展和利益。

（3）给盘剥类客户的报价为20元。由于没有发展前景，所以应在能够获得订单的前提下最大化此次交易的利润。

（4）给维持类客户的报价为12元。维持类客户的采购量小且没有潜力，因此不用花过多精力维护与管理，更不用投入额外的资源对接和管理。

在这一案例中，供应商感知模型报价心理如图4.2-2所示。

图4.2-2 供应商感知模型报价心理

从这个例子我们可以深刻地感受到，站在供应商的角度，在不同的感知定位下，采购方会被分级并被区别对待，供应商也会对不同类别的采购方采取完全不同的策略。

4.2.2 基于供应商感知分类的管理策略应用

基于供应商感知的分类，企业可以在供应商管理中采取不同的策略。

1. 在中小型或者初创型企业应用

常常困扰一些中小型企业的问题是如何找到能支持、配合的供应商。尤其是对一些初创型企业来说，一方面因为不确定采购量和合作前景，供应商不太愿意配合新项目，另一方面产品设计过程中不可避免会出现设计变更、工艺变更、模具变更的情况，不断增加的投入和纠错成本导致变更过程中供应商不断提价。与此同时，对中小型企业或者初创型企业来说，时间和成本往往是最消耗不起的资源，特别是新产品上市时，如果错失良机对企业将会是毁灭性的打击。因此找到支持、配合度高，又愿意投入合作资源的供应商虽困难但十分必要。

这种情况下不妨使用供应商感知模型分析可以从哪些方面突破。

（1）现状分析。从业务价值来看，中小型企业前期由于无法形成规模，对大供应商的业务价值显然不高；从吸引力水平看，如果供应商前期从公开渠道了解的信息较少，这个行业和产品也无法让供应商产生兴趣，则企业对供应商的吸引力较低。因此，企业在供应商感知模型中的定位无疑是维持类。在这个定位里，采购即使拥有再强的专业能力和沟通谈判技巧，要取得较好的支持也是很难的。

（2）准确定位。短期来看，因为较难改变购买品类和金额，要解决定位问题就只能在吸引力水平上下功夫，让企业的供应商感知定位从维持类转向发展类，如图4.2-3所示。

图

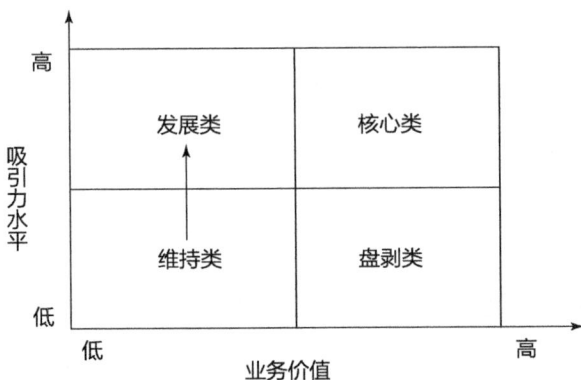

图4.2-3　中小型企业面对大供应商的突破路径

（3）确定路径，制订针对性策略。准确定位，确定路径后，"如何寻找能支持、配合的供应商"的课题就转变为"如何让供应商从维持类定位转移为发展类定位"的新课题，也就是如何提升企业对供应商的吸引力。而吸引力的评估要素有战略一致性、商务条件的优越性、行业/产品的前沿程度等。如此一来，便可以制订以下策略。

①战略理念的沟通。很多初创型企业非常重视和擅长向投资人一遍遍宣贯自己的经营理念、战略目标和盈利模式，却鲜少将供应商视为"投资人"。要想让供应商陪伴企业一起成长，在企业初创期愿意提供支持，就务必要创造机会让其了解并认同企业的经营理念和发展愿景。同时，企业的愿景和战略规划应能为其带来可以预期的发展和收益，让其能对未来的愿景充满想象和期待，有除却商务价值之外的其他意义，价值观上的认同能影响行为，并让其产生合作的意愿。

②做一个"小而美"的优质客户。在与有意向的供应商合作时，企业要注意把供应商放在与自己平等的地位。不少采购会太把自己当"甲方"，无论何时何地，都觉得是自己在花钱，供应商应该将就自己，但在中小型企业发展的初期阶段，这种想法只会让供应商对企业敬而远之，如此一来，企业找到愿意陪伴自己成长的供应商的机会就少之又少。

初期合作时，如果企业在供应商眼中的信用度较低，但企业对接界面简洁、整个流程清晰快捷，采购也比较讲道理而非持有"我是甲方我怕谁"的态度，即使采购额较小，供应商也会愿意放慢脚步，仔细倾听企业的需求和未来的打算。

因此，中小型企业在前期难以与大型供应商建立平等合作时，由于无法形成规模优势，企业要先调整自身定位再考虑发展问题，用合作诚意找到认同自己价值观、愿意一起成长的供应商伙伴。这也许比盯着业内数一数二的大供应商对企业发展更为有益。

2. 盘剥类客户的应用

对另一些企业来说，面临的难题则是被视作盘剥类客户。

很多企业都曾面临这种情况：在行业内资历较深，在其他竞争对手纷纷开发出新产品或进入新领域时，一直坚守在其优势领域。这类企业的供应商也相对比较固定，合作也比较顺畅。但在竞争日益激烈而且利润率越来越低的情况下，这类企业需要重新审视采购和供应链的开源节流问题。

（1）现状分析。通过采购成本分析，企业发现尽管与供应商的合作时间较长，采购量也不小，但是采购成本并没有优势，这直接导致其产品性价比不够突出，很容易被其他竞品抢占市场份额。

（2）准确定位。通过用供应商感知模型进行分析，企业发现自身的业务价值并不低，而且与供应商的合作时间也比较长。但从吸引力水平看，相比供应商的其他客户而言，企业的吸引力并不高，其原因主要是，供应商的其他客户的多品牌、多产品策略，能够"投喂"给供应商更多新的业务和新的发展来源。

因此，当企业被定位为盘剥类客户时，相比更有潜力的发展类客户，企业拿不到更有优势的采购价格；相比更重要的核心类客户，供应商对企业投入的资源同样不多。

（3）确定路径，制订针对性策略。经过供应商感知分析，企业认为需要在吸引力水平上进行突破，将企业的供应商感知定位从盘剥类向发展类或者核心类转移，如图4.2-4所示。

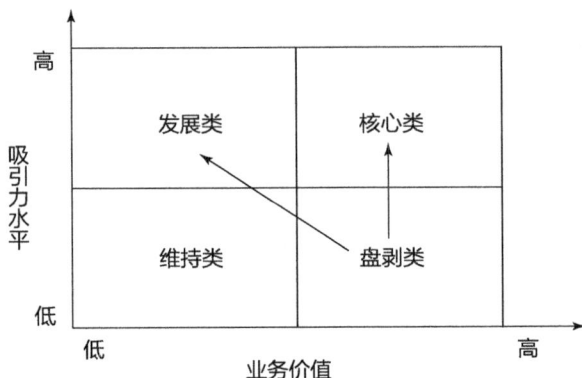

图4.2-4　盘剥类客户的突破路径

确定了路径后，"如何降低采购成本"的课题就转变为"如何让供应商相信企业的未来发展，从而给予更优的价格或者更多的资源"的课题。

①战略互信。盘剥类定位下，企业和供应商并不是互不了解，反而是合作很久，太过于熟悉，太过于顺其自然地放心合作，企业没有要求，供应商自然不会主动改善优化。因为缺乏系统深入的沟通，双方就无法形成战略互信。在

现在这个与日俱新的时代里，企业的发展战略和重心常常在调整，因此，建立公开透明的沟通机制，并确保双方在经营战略上找到某些一致的步调，是企业获得供应商长期支持的必要策略。

②找到潜在合作空间。无论合作多久，企业都要关注供应商的潜在发展空间，找寻其他可能的合作方向，不仅是采购交易，也可以有共同采购、集中投资、共同开拓新业务等合作，让供应商看到更多的发展潜力和前景。

③更换供应商。在原有供应商无法给予较好的资源和价格，并且经过沟通改善发现供应商仍然缺乏合作意愿和改善优化意愿时，可能是出现了价值观不合的问题。由于企业采购量已经具有一定规模，企业不妨看看行业里其他有潜力的供应商，成为这些供应商的核心合作伙伴。

④重新审视战略。当发现多个供应商都将企业定位为盘剥类客户的时候，企业就需要认真反思：企业当前重点投入的方向是否不符合供应商期待，或与供应商战略方向是否发生冲突。例如，如果企业处于产业生命周期的夕阳阶段，企业管理层就需要重新审视战略方向，并提前制订应对策略。

基于不同的物料分类、供应商感知定位，企业应设计差异化的供应商管理方案，并制订差异化的供应商关系管理策略，这是供应商关系管理的根本逻辑。

为此，企业可以参照西门子基于产品分析的差异化采购策略，并结合供应商感知模型和西门子的供应商分类方法来思考本企业的供应商分类要如何进行。

案例：西门子基于产品分析的供应商分群

西门子是世界上大型的电气和电子公司之一。西门子在世界范围内拥有大约12万家供应商，其中的2万家供应商被指定为第一选择（首选供应商）。这些供应商的信息和数据都被存储到了西门子内部的电子信息系统中。西门子的采购策略如下。

1. 物料分类

（1）高科技含量的高价值产品，如电力供应、中央处理器的冷却器。

（2）用量很大的标准化产品，如印刷电路板、集成电路存储器、稀有金属、镀锌的锡片。

（3）高技术含量的低价值产品，如需要加工的零件、继电器、变压器。

（4）低价值的标准化产品，如金属、化学制品、塑料制品、电阻器、电容器。

2. 供应商关系的性质和密切性程度

（1）技术合作型。针对高科技含量的高价值产品供应商，西门子采取技术合作型战略。其特点是：与供应商保持紧密关系，包括提供技术支持和共同负担研发经费；签订长期合同；共同努力以实现标准化和技术诀窍的转让；集中于制造过程和质量保证程序，如内部检验；通过电子数据交换（Electronic Data Interchange，EDI）系统和电子邮件实现通信最优化的信息交流；在处理获取基础材料的瓶颈方面给予可能的支持。

（2）优化市场潜力型。对于本公司用量很大的标准化产品，西门子采取以下策略：在全球寻找供应源；开发一个采购方面的国际信息系统；在全世界寻求相应的合格供应商；列入第二位的资源政策；安排接受过国际化培训的有经验、称职的采购人员承担采购任务。

（3）有效经营型。对于高技术含量的低价值产品，公司希望能通过以下几点保证该部分产品供应链采购环节的有效运作：严格的质量审查和建造专用的仓储设施；保有存货和编制建有预警系统的安全库存计划；保有战略性存货（保险存货）；在供应商处寄售存货；特别强调与供应商保持良好的关系。

（4）保证供应型。对于低价值的标准化产品的采购来说，采购战略的目的是实现供应的稳定和可靠性。其特点是：通过电子信息系统减少采购加工成本；向接管常规物流工作（如仓储、编制计划、报告等工作）的经销商或供应商外购产品；增加对数据处理和自动订单设置系统的运用；实施准时生产；努力减少供应商和条款的数目。

3. 供应风险与采购价值评估

（1）供应风险。按照供应商供应的部件的技术复杂性和实用性来衡量西门子对该供应商的依赖程度，即考虑"如果这家供应商不能够达到性能标准，那对西门子意味着什么？"对一个特定供应商的供应风险的衡量标准所包括的因素如下。

①供应商有多大程度的非标准性。

②如果更换供应商，需要花费哪些成本。

③如果自行生产该部件，困难程度有多大。

④该部件的供应源的缺乏程度有多大。

（2）获利能力影响采购价值。影响西门子的供应商关系的底线的衡量标准是与该项目相关的采购支出。

在产品的第4种分类中，西门子把首选供应商的地位授予了从总共80家经销商中遴选出的3家。经过协商，经销商将负责提供仓储、预测和保管存货、向西门子报告存货和用货量的功能。

除了完成采购职能的一般任务之外，西门子还有一个专设的团队进行采购营销。该团队的一项主要职能就是使西门子成为对潜在供应商最有吸引力的客户。其会以这种身份涉足市场研究，找出新的供应商并进行评估，还会与现有的供应商研究新的合作领域，这样做显然对双方的利益都有好处。例如，依照最节省成本的生产批量对订单要求的数量加以排列，这将会使双方获益。

另外，供应商可能会应邀对西门子的产品设计和生产方法进行技术考察，目的是减少特殊部件的数量，同时增加标准部件的数量，因为标准部件更易于存储和生产。通过这种方式，供应商提高了效率并且将通过提高效率带来的这部分利益传递给西门子，使其能够在自己的市场上进行有利的竞争。

西门子的采购战略不但对其自身有积极意义，任何一个有望成为西门子供应商的公司都必须认真地考虑西门子会如何对其产品进行归类。正如上面所描述的，对于一个供应商而言，西门子公告的政策在维持双方关系的可能性方面具有相当大的暗示。能否发展合作伙伴关系取决于客户与供应商双方。因而必须以某种方式进行差异化使供应商对产品的感知得到提高，进而促进其成为西门子的首选供应商。这不啻给这些供应商引入一个强有力的竞争机制，导致优胜劣汰，促进其科学发展。当然这种合作的最终结果是形成高效运转的供应链，大家共同缩减成本、分享利润，并能将一部分实惠转移给消费者。

4.3 基于互相感知定位的差异化供应商关系管理策略

借助卡拉杰克模型，从供应风险和采购金额两个维度对企业采购的物资进行分类，从而分成四个类别：杠杆类、战略类、一般类、瓶颈类。

借助供应商感知模型，从业务价值和吸引力水平两个维度，将供应商对采购方的定位分成了四个类别：发展类、核心类、维持类和盘剥类。

从"知己"到"知彼"，相互感知后的结果能更全面、真实地反映供需双方的合作意愿及真实的供需表现。因此，关系策略的制订也要基于现状和目标，才能全方位地衡量并制订适用、目标清晰的资源规划策略，实现有效的供应商关系管理。

两个模型结合应用，从"采购方如何看待供应商"以及"供应商如何看待采购方"两个方面分析，则会产生 16 种关系，对应策略如表 4.3-1 所示。

表 4.3-1　基于物料分类和供应商分类的差异化策略

		供应商感知			
角度		维持类	盘剥类	发展类	核心类
采购方感知	战略类物资	①削弱合作，采购方赶紧进行设计优化替代 ②进行供应商关系管理 ③开发新供应商	采购方需要开发、培养新供应商	双方协同合作、维护关系甚至合资合营	双方高度互相依赖且有强合作意愿，形成战略合作关系
	瓶颈类物资	①采购方开发新的合作伙伴 ②进行供应商关系管理	机会主义，采购方依赖供应商，但供应商不关注采购方	合作意愿强，探寻扩大合作的机会	双方合作意愿很强，扩大合作，优化成本
	杠杆类物资	替换供应商	警惕，采购方需要尽快结束与供应商的合作	可以合作，双方可以各取所需	有合作意向，供应商认可采购方，采购方不认可供应商
	一般类物资	①无意义，双方嫌弃 ②优化流程，简化交易	替代、竞争性合作	进行动态绩效管理，建立获利性合作关系	①按照标准流程和策略采购 ②打包、组合采购

在不同的关系下，企业要综合考虑供应商的战略匹配性，并结合供应商的优劣势、合作意愿、供应风险等多维度进行分析，并针对性地制订相应策略。制订关系策略的目的就是尽量将战略匹配度高的供应商集中到企业重要物料、高价值领域，达成优势互补和资源利用率最大化，在低价值领域，企业则需通过流程化管理减少资源投入。因此，实施关系策略的过程是对资源不断分配和优化的过程。

4.3.1 维持关系下四类物资关系策略

在维持关系（即供应商对采购方的定位为维持类客户）这种情况下，相比于其他关系，供应商的合作意愿、改善意愿低下，如果企业自身对供应商的合作需求比较高，那就需要付出高额的沟通成本，且存在较大的供应风险。

在这种关系下，供应商向企业供应的物资无论属于哪一类，都存在一定风险。

（1）针对战略类物资和瓶颈类物资，由于其对企业的影响很大，如果供应商合作意愿、改善意愿低下，那就存在战略匹配风险，也就是说有可能供应商根本不认同企业的价值观和发展愿景。在这种情况下，企业需要尽快寻找新的合作伙伴，并削弱双方合作，进行设计优化、替代等来解除危机。需要注意的是，企业在正式实行供应商替代前一定要维持供应，避免出现供应中断的情况。

当然，如果供应商的技术壁垒较高或者垄断优势较强，企业根本无法进行替代或者设计优化需要很长时间，企业仍然需要这些供应商能够保证供应。与此同时，企业需要投入精力和资源去扭转供应商对自己的负面印象，让供应商认同企业愿景和战略，并且以极大的合作诚意，让供应商认可双方合作符合其愿景和战略方向，从而将双方关系从维持类转为发展类或者核心类，降低战略类、瓶颈类物资的供应风险，并且还能发挥 $1+1>2$ 的协同效应。

（2）针对杠杆类物资和一般类物资，因为可选择的供应商数量多，企业对供应商的需求和依赖度也不高，更换供应商的替换成本也不高，此时，企业可以替换供应商，无须勉强继续合作。

这两类物资因采购金额较小，企业重视程度较低、花费精力较少，供应商也不重视。因此，企业可以通过整合打包，推动原本合作得较好的供应商发展或者扩大经营范围来打包服务，从而减少供应商数量、降低沟通和管理成本。同时应适度备有库存，避免因临时物资短缺而使工作匆忙无序。

在维持关系下梳理供应物资的特性，就可以有针对性地制订相应的策略，降低或转移风险，如表4.3-2所示。

表4.3-2　维持关系下的四类物资关系策略

维持关系下供应物资品类	劣势或风险	优势	策略
战略类物资	1. 合作意愿弱，供应风险极高 2. 绩效改善优化意愿弱 3. 对供应商依赖度高，替代成本很高	1. 价值高，规模大，有一定的吸引力 2. 获取成本可能性较低	1. 战略匹配则：探寻供应商潜在合作机会，增强合作意愿和改善意愿，将关系从维持类转移到发展类或者核心类，或选择合作意愿强的供应商 2. 战略不匹配则： ①削弱合作，进行设计优化、替代 ②开发新供应商 ③替代前注意维持关系，保证供应
瓶颈类物资		在获取成本方面可能有一定优势	1. 战略不匹配则： ①进行设计优化类替代，开发新供应商 ②替代前注意维持关系，保证供应或者通过提高库存来度过替代缓冲期 2. 战略匹配则： ①可以考虑打包、组合采购或使用安全库存，增强合作意愿，确保供应 ②探寻供应商潜在合作机会，增强合作意愿和改善意愿，将关系从维持类转移到发展类或者核心类
杠杆类物资	1. 合作意愿弱，服务满意度低 2. 整体改善优化意愿不强，较难匹配需求 3. 关注度不高，一旦产生问题，较难被发现 4. 响应度较低，客户满意度较低	1. 可选供应商较多 2. 对供应商依赖度低，替代成本不高	在成本、品质稳定的前提下替换到发展类或者核心类的供应商
一般类物资			1. 在成本、品质稳定的前提下替换到服务水平高的供应商 2. 通过打包采购、渠道采购，减少现有供应商数量

4.3.2 盘剥关系下四类物资关系策略

在盘剥关系（即供应商将采购方定位为盘剥类客户）下，虽然企业采购价值高、采购规模大，但企业没有让供应商感知到合作意愿和合作前景，对供应商吸引力不大，供应商不仅不积极，而且会恶意抬高价格，抱着"你只能找我买，我不赚白不赚"的合作心态。

在一定程度上来说，这种关系可以说是4种关系里最为恶劣的，既存在很高的供应风险，而且由于双方处于对立关系，采购方会付出高额的代价。在这种关系下，企业应根据供应商供应的物资特性有针对性地制订关系策略。

（1）战略类物资。如果企业的战略类物资供应商将企业定为盘剥类客户，这对企业的不利影响是最大的，供应风险等级也最高。企业在战略类物资方面对供应商的依赖度非常高，替代成本巨大，因此如果不付出高额的代价就可能断供，当利润空间已经无法覆盖高额的获得成本时，就可能造成企业亏损或者倒闭，战略类物资断供对企业的供应链同样是致命的打击。对于战略类物资，在可能的情况下还是尽快开发新的供应商为宜，如果不能开发替代供应商，就要投入资源和精力，与供应商建立合作关系，表现合作意愿和合作诚意，扭转供应商认为企业没有合作意愿和合作前景的态度，将供应商感知定位扭转为核心类或者发展类，这样才能降低风险。

（2）瓶颈类物资。对于瓶颈类物资来说，可能会比较依赖供应商，此时可以根据重要程度尽可能进行供应商替代，抑或进一步和供应商进行沟通，即使付出的代价高一些，也要确保供应的稳定。同时企业也要与供应商维持关系，表现合作意愿，缓和对方的敌对态度。

（3）杠杆类物资。针对杠杆类物资，因有许多可选供应商，可以考虑选择积极性更高、配合度更高的供应商，进而降低成本。

（4）一般类物资。针对一般类物资，可以采取竞争性合作或者供应商替代策略。

案例：杠杆类物资＋盘剥关系的采购管理实例

某企业的一个功能性原料是比较小众的植物提取物，经过一定的化学反应和化学合成制成。随着企业发展，其需求量逐渐扩大，已经达到原辅料采购金额排名前几位的重要地位，逐渐从瓶颈类物资过渡到了杠杆类物资，而且对于这个物料的供应商来说，该企业是国内最大的客户。

然而，虽然企业规模上升这么快，企业却发现每次跟供应商谈价都谈不下来。经过严密的专项调查，企业发现国内原料主产地的两家供应商垄断了这个物料，在垄断心理的作用下，这两家供应商就肆无忌惮地对该企业进行了盘剥，以赚取暴利。

调查清楚后，该企业与国内另一家具备生产能力，但一直没有稳定客户的原料生产企业联手，从原料收购开始切入产业链：直接去产地收原料，再交由合作供应商加工生产。

由于另两家供应商只能垄断国内产区的原料，而最大的原料产区在国外，因此该企业直接进入国外产区收购原料，通过现金收购获得了极强的议价能力，加上与加工企业的深度合作，企业实现从原料到加工的全产业链成本透明，最终把该原料的总成本降低了一半，每年为企业节省超过5 000万元的采购成本。

与此同时，新培养的供应商由于盘活了企业，每年也有可观、稳定的加工费收入，因此积极配合该企业进行一系列的整改和优化，并提供优质的服务，成为新的优秀供应商。原有的两家盘剥类供应商也失去了该企业这个最大的客户。

对于一般类物资＋盘剥关系的情况，企业从物资角度和供应商角度都处于不利位置，此时，企业则可以通过以下案例学习如何扭转不利局面。

案例：一般类物资＋盘剥关系的采购管理实例

某外资快消品企业，曾经将某国际企业的热熔胶用于纸箱封箱。由于全球范围内的合作惯例，该企业的2家供应商都是国际企业，也是该热熔胶行业国际市场的龙头企业。

该企业在年度议价过程中发现，最近3年都无法降低其价格。经过分析，企业发现多方原因造成了这一现象。

一是现有供应商的产品质量确实过硬，二是现有供应商的产能充足、供应稳定，三是集团内十几家工厂与其合作顺畅，四是该类别物料采购金额相对占比不是特别大，受关注程度不高（年度采购额大概为 800 万元，仅占总采购金额的比例不到 1%）。

经过讨论，企业希望启动一个降低热熔胶采购成本的项目。首先，企业技术部门确定热熔胶型号、性能、技术细节，并提出更改成另外一个材料更环保的胶水，提出总体用胶量降低 2%、价格降低 4% 的目标。其次，企业通过其他途径寻找到行业内一家民营企业，该企业虽然不是国际性龙头企业，但其在国内的书本、家具等其他行业专业性较强。通过对新供应商进行一系列评估工作，如考察、测试、认证等，企业最终确定可以开展合作，在年度协议谈判过程中，企业终于顺利实现该项目的战略目标，并确定分阶段替换原供应商。

总结而言，盘剥关系下的四类物资关系策略如表 4.3-3 所示。

表 4.3-3　盘剥关系下的四类物资关系策略

盘剥关系下供应物资品类	劣势或风险	优势	策略
战略类物资	1. 对供应商依赖度高，替代成本非常高 2. 付出高额的成本代价，可能导致亏损 3. 供应风险极高，价格达不到预期就存在断供风险 4. 无合作意愿、无改善意愿，呈现对立关系	价值高，采购规模大，对供应商有一定的吸引力	1. 战略匹配则：探寻供应商潜在合作机会，增强合作意愿和改善意愿，将关系从盘剥类转移到发展类或者核心类，或选择合作意愿强的供应商 2. 战略不匹配则： ①削弱合作，进行设计优化、替代 ②开发新供应商 ③替代前注意维持关系，保证供应
瓶颈类物资			1. 战略不匹配则： ①削弱合作，进行设计优化、替代 ②开发新供应商 ③替代前注意维持关系或者提高库存，保证供应 2. 战略匹配则：探寻供应商潜在合作机会，增强合作意愿和改善意愿，将关系从盘剥类转移到发展类或者核心类，或选择合作意愿强的供应商

盘剥关系下供应物资品类	劣势或风险	优势	策略
杠杆类物资	1. 付出的成本代价较高 2. 无合作意愿、改善意愿 3. 呈现对立关系	1. 可选供应商较多 2. 对供应商依赖度低 3. 采购规模大，价值高，对供应商有一定吸引力	1. 替换供应商 2. 进行供应商谈判和沟通
一般类物资	关注度不高，产生问题时较难被发现	不依赖供应商	1. 替换供应商 2. 优化流程，简化交易

4.3.3　发展关系下四类物资关系策略

在发展关系（即供应商将采购方定位为发展类客户）下，意味着虽然目前采购方的采购量不大，但是供应商对未来的合作充满信心，愿意投入更多的时间、精力发展合作关系，并且不计较短期的利润损失和目标差距，表现出良好的合作意愿和积极的响应态度。

对于此类合作意愿强、配合度高的供应商，企业在有机会的时候可以扩大合作，双方全面协同、维护好关系，尤其是在战略类和瓶颈类物资上，深度协同甚至合资、合营等都是很好的策略。在杠杆类和一般类物资上，初期还是可以以合作的方式，动态地进行绩效管理，后面根据实际的绩效表现动态调整合作模式和关系策略。

要注意的是，发展类供应商之所以愿意牺牲短期利益，是因为其对未来有预期。因此企业在确定要扩大合作、深度合作的同时，要体现良好的合作意愿和真诚的合作态度，也就是说双方的合作要能达到供应商的发展预期，只有如此，双方才能共同成长、深度了解，并可能成为志同道合的战略伙伴。

如果合作没有达到预期，甚至企业的所作所为让对方失望，就有可能转变为维持关系甚至盘剥关系。对于企业根本不打算跟对方长期合作、紧密合作的品项，企业就无须在初期用低价格、良好的响应度与配合度体现自己的真诚。因此对于发展类供应商也要根据具体供应的品类和企业的战略需求制订相应的关系策略。

案例：杠杆类、一般类物资＋发展关系的采购管理实例

某外资快消品企业，曾准备上市一个咖啡产品。该产品所需瓶子的瓶型是比较特殊的瓶型，原有供应商暂不能提供。有一家瓶子供应商，积极询问，其有兴趣投资该瓶型所需瓶坯的模具，条件是未来两年可以请其独家供应。因考虑到这个产品上市总量并不大，该企业接受了该供应商的提议方案。该项目最终因较低的瓶子成本得以快速推进。后来该产品上市后果真与预测大致相符，需求量未大幅增加但需求较稳定。因在合作过程中，该新进供应商服务水平优秀，在其他类型瓶子的供应上也有增加其供应份额。后续双方又在其他几款相似类型瓶子上加大合作，并且协同推广市场，取得了很好的协同效应。

某日化企业的软管供应商只有一个，但是随着企业规模的逐渐扩大和品牌声望的提升，这家供应商的管理水平和能力有些跟不上，但是国内能够做整体供应的只有这一家，因此该供应商改善意愿有些薄弱。

该日化企业很担心独家供应的供应风险，因此决定开发新供应商，通过扩大沟通范围发现一个机会——另一家为该日化企业供应复合膜的战略供应商具备做软管片材的能力。

这家企业是国际软包装集团，管理体系和管理水平、制造水平很先进，是该日化企业另一个品类复合膜的战略供应商，通过沟通，对方很主动积极，愿意投入设备进行日化企业需要的软管片材的印刷（因为防伪的需要，印刷工艺不是普通市场上常见的印刷方式，需要特殊的设备才能完成），而且推荐了一家与其管理体系和管理能力接近的制管厂来为该日化企业制管。

两家企业虽然没有这么大规模的合作供应的管理和实际运作经验，但是都有良好的合作意愿和积极主动的合作态度，双方投巨资进行了设备采购和净化厂房的建设，最后由这家日化企业出面进行了流程梳理和连接，打通了供应链，成功地将这两家企业引入该日化企业的供应链，成为日化软管的新战略供应商。这既降低了供应风险，而且在新的竞争对手出现后，原有的供应商也感觉到压力，投资进行设备更新、人员体系培训，并且主动帮助该日化企业抵御上游物

料的涨价风波，没有直接对该日化企业涨价。

通过协同合作，扩大合作机会，复合膜的供应商成功成为另一个品类的战略供应商，给自己扩大了合作规模、利润空间。该日化企业也从中受益，不仅降低了采购风险，而且形成了竞争态势，自己的优势也发生了转变。原有的供应商产生了危机意识，进行了提升和优化，也是一种成长。

综合而言，发展关系下的四类物资关系策略如表4.3-4所示。

表4.3-4 发展关系下的四类物资关系策略

发展关系下供应物资品类	劣势或风险	优势	策略
战略类物资	1. 持续保持供应商对企业发展前景的良好信任 2. 合作要能够达到对方的预期 3. 失去信任，达不到预期有可能使关系向维持类和盘剥类转化	1. 供应商认可采购方的愿景和战略 2. 采购规模大、价值高、重视程度高，对供应商吸引力高 3. 供应商定价低，获得成本低，响应度高，配合度高 4. 供应风险相对较小	1. 协同合作，深度合作 2. 经营战略关系
瓶颈类物资	采购规模小，长期合作后有可能达不到供应商预期而使关系转向维持类和盘剥类	1. 供应商定价低，获得成本低，响应度高，配合度高 2. 供应风险小	1. 积极培养关系，扩大合作范围 2. 扩大合作品类范围，降低预期，保持合作意愿
杠杆类物资	可选供应商多，对供应商依赖度低，绩效管理体现不出差异化价值或者采购方没有差异化需求时有可能打击发展类供应商的积极性	1. 采购规模较大，具有较高的吸引力 2. 在获得成本方面有优势 3. 全面服务意识强	1. 真诚沟通，说明采购方真实需求，减少供应商后期不合理预期，公平竞争 2. 探寻供应商潜力和优势，如果双方匹配，则扩大合作范围和采购规模，向核心类战略伙伴发展
一般类物资	对采购方基本无影响，但是有可能打击供应商的积极性	1. 不依赖供应商 2. 在获得成本方面有优势 3. 全面服务意识强	1. 真诚沟通，说明采购方真实需求，减少供应商后期不合理预期，公平竞争 2. 进行动态绩效管理 3. 保持开放心态，有新的合作机会时可以扩大合作范围

4.3.4 核心关系下四类物资关系策略

在核心关系（即供应商把采购方视为核心类客户）下，会调动最多的资源以求更深和更广的全面合作，供应商非常认可采购方的价值观和发展愿景，愿意与采购方成为战略合作伙伴，达成战略联盟。因此在此种关系下，如果供应商正好供应着战略类物资，那就是相匹配的。采购方也要有战略合作的意识和意愿，真诚合作，与供应商高度集成，资源共享、利润共享，以求共赢，共同发展。如果供应商供应的是瓶颈类物资，也要积极创造和培养合作机会、扩大合作范围，联合优化成本。供应商供应的是杠杆类物资时，在考虑成本的基础上扩大合作。在一般类物资＋核心关系的类别中，应区别对待供应商。

如生产线整条线的整包供应商，在设备安装联动调试完成，生产线量产之后，整包供应商仍然在供应生产线所需的备品备件。那么在稳定阶段，对备件做分类，评估哪些标准件或者通用件可以直接向生产设备厂家或指定国内销售商采购来降低成本，以给予原整包供应商一定的压力。

有的供应商在某些物料上配合度非常好，可是对采购方来说，其采购金额占公司采购额的比例非常小。若该供应商确实在资信、企业信誉、管理理念等方面有非常好的评价，而且从长期看战略匹配度也较高，建议通过增加一些物料合作量来做压力测试，若经过一段时间，能在新的物料品类上有较好的合作，那么可把这类供应商逐步转移到长期合作的物料品类中。

以下宝洁公司和沃尔玛的供应链产销联盟的案例或许会给大家带来诸多思考和启发。

案例：宝洁公司和沃尔玛的供应链产销联盟

零售商沃尔玛能从1962年创业时的小杂货店，发展成为零售业巨头，与它推行零售改革，建立高效的供应链有着密切关系。早在1982年沃尔玛就开始实施采购销售时点系统研究，到1985年建立了与供应商的订单明细单和受理付款通知的数据交换系统。这提高了订货速度和准确性，节约了相关业务的成本，使沃尔玛在同行中保持了竞争优势。其后又在建立行业统一 EDI 标准和商品识别标准的基础上，通过 EDI 系统向供应商传递 POS（Point of Sale，销售经济）数据，使供应商及时了解沃尔玛的商品销售情况，把握需求动态，及时调整生产计划和物料采购计划。在接收货物时用扫描机读取包装上的物流条码并与系统中的订货清单核对，判断是否一致，并利用电子资金转账（Electronic Funds Transfer，EFT）系统向供货方支付货款，使沃尔玛节省了大量事务性作业成本，压缩了库存，提高了商品的周转率。现在，沃尔玛实现了把进货和库存控制的职能转移给供应商的模式，通过一体化信息系统，由供应商分析把握商品的销售、库存动态，从而实现小批量连续补充库存。这样一来不仅减少了需求方库存，而且实现了供应链的整体库存水平的降低。供应链上的企业通过建立战略伙伴关系，利用集中型仓库、直接转运战略、数据共享，改变了整个供应链上所有企业的业绩，从而使整个供应链上的企业获得竞争优势。21 世纪的竞争不仅在企业与企业之间，也在供应链与供应链之间。

正是在这种背景下，生产商宝洁公司和零售商沃尔玛结成了战略联盟，开始探索一种新型的产销合作关系，在实践上向供应链管理发展，取得了令人惊叹的业绩。

为了构筑新型的生产商和零售商之间的产销关系，宝洁公司和沃尔玛建立起一个协作的团队，通过联盟的形式，借助计算机开始实现信息的共享。宝洁公司可以调用沃尔玛的销售和库存数据，并以此为依据制订出有效率的生产和出货计划。这不仅仅是单纯的财务管理，而是通过利用新型的信息技术对整个业务活动实行全方位的管理。

作为实施合作的主要组织机构，宝洁公司和沃尔玛双方组成由财务、流通、生产和其他各职能部门组成的约 70 人的专门合作团队，派往沃尔玛实行协作管理。根据合作团队的策划，沃尔玛于 1989 年开始对宝洁公司的纸尿裤产品实行供应链管理，即构筑 JIT 自动订发货系统。借助这种信息系统，宝洁公司除了能迅速知晓沃尔玛物流中心内的纸尿裤库存情况外，还能及时了解纸尿裤在沃尔玛各店铺的销售量、库存量、价格等数据。这样不仅使宝洁公司能及时制订出符合市场需求的生产和研发计划，同时也能对沃尔玛的库存实行单品管理，做到连续补货，防止出现商品结构性的机会成本（即滞销品库存过多，畅销品断货）。而沃尔玛则从原来繁重的物流作业中解放出来，专心于经营活动，同时在宝洁公司的信息基础上，及时决策商品的货架和进货数量，并由 MMI（Manufacturer Managed Inventory，制造商管理库存）系统自动进货。

这样不仅沃尔玛不用从事具体的物流活动，而且由于双方企业之间不用就每笔交易的条件（如配送、价格问题等）进行谈判，大大缩短了商品从订货，经进货、保管、分拣、补货，到销售的整个业务流程的时间。

具体作业流程是沃尔玛的各店铺都设定了一个安全库存水平，一旦现有库存低于这个水平，设在沃尔玛的计算机通过通信卫星自动向宝洁公司的纸尿裤工厂订货，宝洁公司在接到订单后，将订购商品配送到各店铺，并实施在库管理。

与整个商品提前期缩短相适应，两个企业之间的决算系统也采用了 EFT 系统，通过这种系统，两个企业之间的财务结算就可以通过计算机等电子设备来完成。

EFT 系统的引入不仅提高了两个企业之间的结算效率，而且大大降低了两个企业的间接成本。因为一方面对于宝洁公司来讲，EFT 系统加速了资金的回笼，提了资金周转率；另一方面对于沃尔玛来讲，及时化的商品管理制度保证了货款的支付在商品完成以后进行，加速了资金周转，提高了资金效率。

宝洁公司与沃尔玛之间的产销联盟所产生的另一个重大积极作用是，其彻底打破了当时在美国流通领域占统治地位的以多环节为主的多环节流通体制。所谓多环节流通体制是指商品的流通过程往往要经过批发商和零售商两个环节，甚至有的商品还要经过代理商、经纪商等第三个环节、第四个环节。这种多环节流通体制不仅增加了流通时间和成本，更放大了整个产业链中的波动幅度（即牛鞭效应），增加了生产商的经营风险。

宝洁公司与沃尔玛的产销联盟引进了单环节的直接交易形式，使产销双方紧密联系在一起，同时借助以信息共享为特征的经营和物流管理系统，使产销双方都能对市场的变化做出及时响应，使库存下降，有效遏止了滞销品的产生。

沃尔玛的供应链管理主要由 4 部分组成：客户需求管理；供应商和合作伙伴管理；企业内和企业间物流配送系统管理；基于互联网/内联网的供应链交互信息管理。

1. 客户需求管理

沃尔玛的供应链管理是典型的拉动式供应链管理，即以最终客户的需求为驱动力，整个供应链的集成度较高，数据交换迅速，反应敏捷。零售业是直接与最终客户打交道的行业，客户决定一切，如果企业不以满足客户需要为中心是无法生存下去的。对这一点沃尔玛理解得最为透彻。推销员出身的沃尔玛创始人山姆，深知客户真正需要什么，因此从最初在小镇经营杂货店，到后来转而经营折扣百货公司，山姆一直坚持低价位、标准化服务，坚持以乡村小镇为基地，这都是遵循客户第一和让客户满意原则的结果。

"让客户满意"排在沃尔玛目标的第一位，"让客户满意是保证我们未来成功与成长的最好投资"是沃尔玛的基本经营理念。沃尔玛为客户提供"无条件退货"的保证和"高品质服务"的承诺，绝不只是一句口号。在沃尔玛，每周都会进行对客户期望和反馈的调查，管理人员根据计算机信息系统收集的信息，以及通过直接调查收集到的客户期望即时更新商品的组合、组织采购、改进商品陈列摆放方式、营造舒适的购物环境，使客户在沃尔玛不但能买到称心如意的商品，而且能得到满意的、全方位的购物体验。

只要有关客户利益，沃尔玛总站在客户这一边，尽力维护客户的利益。这一点在与供应商的关系上尤为突出。沃尔玛始终站在客户采购代理的立场上，苛刻地挑选供应商，顽强地讨价还价，目的就是做到在商品齐全、品质有保证的前提下向客户提供价格低廉的商品。为此，沃尔玛要求采购人员必须强硬，因为他们不是为公司讨价还价，而是为所有客户讨价还价，为客户争取到最好的价钱，而不必对供应商感到抱歉。沃尔玛不需要供应商提供广告服务，也不需要其送货，这一切沃尔玛自己会搞定，沃尔玛唯一要的就是得到最低价。

2. 供应商和合作伙伴管理

供应商参与了企业价值链的形成，对企业的经营效益有着举足轻重的影响。建立战略合作伙伴关系是供应链管理的重点。供应链管理的关键就在于供应链上下游企业的无缝衔接与合作。企业供应链合作关系的建立是一个复杂的过程。沃尔玛与供应商建立合作伙伴关系时经历了一个漫长而艰难的过程。在众多的供应商眼里，沃尔玛一直以强硬、令人生畏的形象出现。

早在20世纪80年代初，沃尔玛采取了一项政策，要求从交易中排除制造商的销售代理，直接向制造商订货，同时将采购价降低2%～6%，降低的价格正好相当于销售代理的佣金。结果制造商不同意降价，并且为此在新闻界展开了一场谴责沃尔玛的运动。

直到20世纪80年代末，因技术进步而产生了更多可督促制造商降低成本、削减价格的手段，沃尔玛才不再总引起公众的公开对抗。沃尔玛开始全面改善与供应商的关系，主要是通过计算机联网和电子数据交换系统，与供应商共享信息，从而建立合作伙伴关系。

沃尔玛与供应商努力建立合作伙伴关系的另一做法是为关键供应商在店内安排适当的空间，有时还让这些供应商自行设计、布置自己商品的展示区，旨在在店内打造一种更吸引人、更专业化的购物环境。

3. 企业内和企业间物流配送系统管理

有效的商品配送是保证沃尔玛达到最大销售量和最低成本的存货周转及费用的核心。在沃尔玛折扣百货公司建立之初，由于地处偏僻小镇，几乎没有哪个专业分销商愿意为其分店送货，沃尔玛的各分店不得不自己向制造商订货，然后联系货车送货，效率非常低。

在这种情况下，一向以节俭著称的山姆为使公司获得可靠的供货保证及较高的成本效率，决定大手笔投资建立自己的配送组织。沃尔玛的第一家配送中心占地6 000平方米，负责给4个州的32家商场供货，集中处理公司所销商品的40%。随着公司不断发展壮大，配送中心的数量也不断增加。

当下，沃尔玛配送中心完全实现了自动化。每种商品都有条码，由十几千米长的传送带传送商品，由激光扫描器和计算机追踪每件商品的存储位置及运送情况。繁忙时，传送带每天能处理20万箱货物。配送中心的一端是装货月台，可供30辆卡车同时装货，另一端是卸货月台，可同时停放135辆大卡车。每个配送中心有600～800名员工，24小时连续作业，每天有160辆货车开进来卸货，150辆车装好货物开出，许多商品在配送中心停留的时间总计不超过48小时。沃尔玛发展到今天，在美国已拥有完整的物流系统，而配送中心只是其中的一部分。

沃尔玛的自动补货系统采用条形码技术，射频数据通信技术和计算机系统自动分析并建议采购量使得自动补货系统更加准确、高效，降低了成本，加速了商品流转以满足客户需要。20世纪90年代初，沃尔玛有2 000多辆牵引车头，1万多个拖车车厢，5 000名员工，3 700名司机，车队每年运输次数达7.7万次/辆，并创下了310万千米无事故记录。车队采用计算机进行车辆调度并通过全球卫星定位系统对车辆进行定位跟踪。

许多大型连锁公司，包括凯马特和塔吉特，都是将运输工作外包给专业货运公司，以为这样可以降低成本，但沃尔玛一直坚持拥有自己的车队和自己的司机，以灵活地为一线商店提供最好的服务。沃尔玛通常每天为每家分店送一次货，而凯马特平均5天一次，这是因为沃尔玛的商店通过计算机向总部订货，平均只需2天就可以补货，如果急需，则第二天即可到货。这使得沃尔玛在其竞争对手不能及时补货时，其货架总是保持充盈状态，从而赢得竞争优势。

沃尔玛的车队还采用一系列科学合理的运输策略，如满车（柜）运输、散货装车、晚间送货、按预约准时送货，以及配送中心提供回程提货运输折扣，使得供应商可按订单要求备货和按预约时间准时送货，同时降低了沃尔玛和供应商的运营成本。

4. 基于互联网/内联网的供应链交互信息管理

信息共享是实现供应链管理的基础。供应链的协调运行建立在各节点主体间高质量的信息传递与共享的基础上，因此，有效的供应链管理离不开信息技术的可靠支持。除了配送中心外，沃尔玛投资最多的便是电子信息通信系统。沃尔玛是第一个发射和使用自有通信卫星的零售公司。其位于本顿维尔总部的信息中心，1.2万平方米的空间装满了计算机，仅服务器就有200多个。截至20世纪90年代初，沃尔玛在计算机和卫星通信系统上就已经投资了7亿美元。20世纪80年代初，沃尔玛利用商品条形码和激光扫描器实现存货自动控制。采用商品条形码可代替大量手工劳动，不仅缩短了客户结账时间，更便于利用计算机跟踪商品从进货到存储、配货、上架、售出的全过程，及时掌握商品销售和运输信息，加快商品流转速度。

20世纪80年代末，沃尔玛开始利用EDI系统与供应商建立自动订货系统。该系统又称为无纸贸易系统，通过计算机联网，向供应商提供商业文件、发出采购指令、获取收据和装运清单等，同时也使供应商及时、精确地把握其产品销售情况。1990年沃尔玛已与1800家供应商实现了电子数据交换，成为EDI技术的全美国最大的用户。沃尔玛还利用更先进的快速反应系统代替采购指令，真正实现了自动订货。此系统利用条形码扫描和卫星通信，与供应商每日交换商品销售、运输和订货信息。正是依靠先进的电子通信手段，沃尔玛才做到了商品的销售与配送中心保持同步，配送中心与供应商保持同步。

综合而言，核心关系下的四类物资关系策略如表4.3-5所示。

表4.3-5 核心关系下的四类物资关系策略

核心关系下供应物资品类	劣势或风险	优势	策略
战略类物资	1. 能否保持长期的高匹配度和高合作意愿取决于双方的发展是否同步、意愿是否一致，如果合作中开始出现差距就存在新的风险 2. 平衡和接受先后利益差的格局态度可能存在差异，无法平衡则可能转为盘剥或维持关系	1. 文化认同 2. 战略匹配 3. 资源投入有保障 4. 合作意愿、改善意愿强烈	1. 建立全面战略合作 2. 建立资源共享机制 3. 建立信息透明共享机制 4. 建立利润分配和共享机制 5. 建立风险共担机制

核心关系下供应物资品类	劣势或风险	优势	策略
瓶颈类物资	采购规模较小，难以保持吸引力，如果没有进一步的战略匹配和资源投入，有可能转为盘剥或维持关系	1. 资源投入有保障 2. 合作意愿、改善意愿强烈	1. 表达合作意愿和积极合作的态度 2. 扩大合作范围 3. 组合、打包采购
杠杆类物资	1. 核心供应商全面的资源和配合投入产生的成本收益将不明显 2. 供应商可选择范围大，对供应商依赖度低，绩效管理体现不出差异化价值或者采购方没有差异化需求时有可能打击核心供应商的积极性	采购规模较大，可以保持一定吸引力	1. 扩大合作范围 2. 整体优化以获取成本收益，共享成本收益
一般类物资	1. 采购规模不大，长期合作后无法让供应商保持兴趣 2. 成本收益低	不依赖供应商	1. 简化交易 2. 组合、打包采购

企业内所有的采购物品和供应商均可放入这 16 种供应关系中，并制订相应的品类管理策略和关系策略实现最优的供应商关系管理。采购人员及管理人员首先要对物料划分及供应商合作关系有全面、深刻的认识，才能制订最合适的关系策略。从以上的分析和实践中我们也发现，实施关系策略可以实现供应商感知定位的转移，通过定位转移能更好地实现战略匹配和资源分配，因此这也从另一个角度提醒了采购人员，对于战略解读和战略视角，站在全局高度的重要性。

4.4 战略供应商关系管理策略

未来企业的竞争力很大程度上来源于企业与上下游企业构建的供应链竞争力，而这种供应链竞争力的核心则是企业与其战略供应商的共生共荣。

因此，战略供应商关系管理的重要性也就不言而喻。很多行业领先的企业，都会在其采购组织中设置供应商管理部或者供应商经理（Supplier Manager，SM）等专职部门或角色，供应商经理主要的工作职责就是维护和发展与重要供应商之间的关系。

当然，如果企业规模有限，可能不一定有条件设置专职的供应商管理岗位，但每一个采购人员都要有意识、有方法地进行战略供应商的识别和管理，通过对战略供应商的有效管理来提升整体供应链效能，从关注成本、订单的"小采购"向关注资源配置和整体优化的"大采购"转变。

4.4.1 战略供应商管理策略制订

通常而言，一个完整的战略供应商管理过程以识别战略供应商为起点，经过深入了解、合作方案设计、执行、供应商分类优化，再回到起点形成闭环，如图4.4-1所示，可以根据企业实际的情况进行合并和灵活处理。

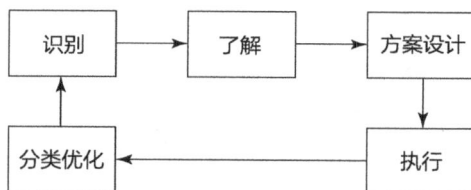

图4.4-1 战略供应商管理闭环

1. 识别战略供应商——战略匹配、资源互补

企业几乎都有战略供应商，有的是把采购金额最大的供应商视作战略供应商，有的是将态度最冷漠的供应商视为战略供应商，有的则将自己投资或者同属一个集团的兄弟公司视为战略供应商。总而言之，对战略供应商的概念存在滥用情况。在实际合作中，战略供应商管理并没有落地，双方还是各有诉求，不能形成统一战线，无法共同成长。

战略供应商既然具有"战略"二字，须具备的两个前提是战略匹配性和资源互补性，也就是说这类供应商是与企业文化融合、战略匹配、认可企业发展愿景、有高度合作意愿和共同发展意愿的；同时这类供应商的资源对企业具有重要价值，企业需要整合并融合这类供应商的资源实现协同共生发展。

因此战略供应商的关系管理对企业战略承接和落地具有非常重要的作用和意义。有效地进行战略供应商的关系管理的前提是准确地识别并定位哪些供应商是战略供应商。

首先，企业可以利用卡拉杰克模型和供应商感知模型定位战略供应商潜在资源池，如图4.4-2所示。这个区域是企业需要优先配置资源的重点区域，然后结合供应商绩效和其他一些战略和文化因素进行最终识别。

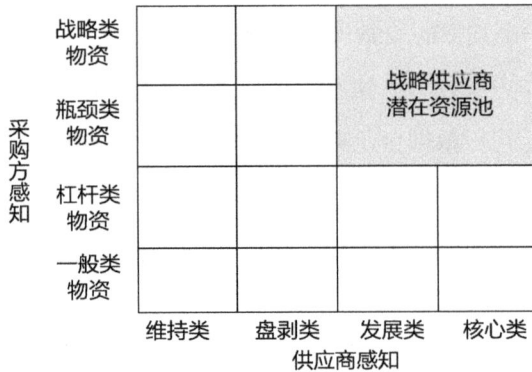

图4.4-2　战略供应商潜在资源池

供应商的战略匹配和文化匹配性，不是传统认知上的合作金额最大、行业最优等。在前面，我们探讨了企业常见的四种竞争战略导向：成本控制、产品质量、客户体验、技术创新。如果两个企业在战略上差异非常大，比如以客户体验为差异化竞争战略导向的企业如果找到一家以成本控制为差异化竞争战略导向的供应商作为战略供应商，合作过程当中，就会需要长时间的磨合。

有一家互联网企业就走了很长一段时间这样的弯路。当时，硬件供应链非该企业所长，故而找到制造业中较为专业的企业进行战略合作，两家企业都是所在行业内的翘楚，战略合作更是让人喜闻乐见。可是在合作过程中，问题一个接着一个，要么是互联网企业对客户体验的标准不够清晰或者过于严苛，导致供应商无法继续推进，要么是供应商内部的成本改善行动常常无法和互联网企业达成共识，最终产品虽然做出来了，但是这次合作却让双方团队元气大伤，最终停止了后续的合作。

值得注意的是，目前这个多变的商业环境中，很多企业形成多元的竞争战略，例如快反供应链中，以成本控制或者以产品质量为导向的供应商开始提高敏捷化、柔性化的要求。因此双方在战略匹配上一定要清晰地知道自己的特性和需求，才能找到彼此战略上的契合点。

如若在经营理念和企业文化上互相认同就更是锦上添花。如若企业比较重视人才的发展和持续改善的经营理念，而从与供应商持续合作的过程中发现供应商的掌舵人也有类似想法，那么从点和线上开展小范围的合作，共同成长，继而在此基础上展开更多方面的战略合作也是战略供应商识别的一种非常好的方式。

资源互补性很容易理解。合作的前提首先是资源互补，企业需要供应商的供应资源、创新能力、技术研发能力、JIT 及 VMI 的实施能力……供应商需要企业的订单规模、品牌知名度、资金实力和管理体系等。企业的品牌知名度能帮助其开拓市场，企业的资金实力、管理体系能帮助其提升管理能力等。这就是资源互补性，也可以说是互相吸引在一起合作的前提。

2. 深入了解，用互利和双赢思维洞察合作诉求

确定了要加大资源投入进行管理的战略供应商清单之后，第二个环节是了解。并不是说这是了解的开始，在合作的过程中，已经对很多方面，比如企业的战略、发展规划、财务状况、经营业务状况、产能利用情况、研发情况、信息化情况等都有了较多的认识。这里说的了解更多是从互利角度出发去发现双方的共同诉求，辨别出实际可以落地的合作机会，可以从以下角度入手。

（1）了解供应商发展目标、战略，结合企业的未来战略，探寻未来在更多领域的合作机会。

（2）了解供应商未来三年的扩产计划、区域扩张计划与新品牌发展规划。

（3）了解供应商近三年的财务状况，是否有其他发展动向和合作空间，比如合资合营、供应链金融等合作空间。

（4）了解供应商研发投入占比；新技术、新产线情况，探寻在新技术、新产品、新工艺上进行深度合作的机会。

（5）了解供应商信息化规划，加强双方的信息系统对接。

（6）从过去企业对供应商的绩效评估结果分析以及与该供应商的历史合作表现情况，来发现更好的合作方式。

（7）了解供应商的历史重大事件等。

华为、IBM等企业的SM，通常都会由一些有丰富经验的采购人员担任，他们会通过各种渠道深挖供应商信息，了解供应商的合作诉求，然后召集与此相关的人进行信息共享和解读。最后从以上信息中洞察双方合作的机会。

这里尤其要注意的是要站在双方的视角来考虑，发挥更多的创造性，不必拘泥于日常合作，可以和供应商一起寻找合作的领域和机会。备选方案越多，双方多领域合作的可能性就越大，从而关系也就越紧密。

可以从企业关注项和供应商关注项这两个方面去分析双方的优劣势和匹配度，如表4.4-1所示，从而挖掘更多合作方向，并尽可能利用双方的优势，形成优势互补和战略合作。

表4.4-1　合作诉求分析

企业关注项	企业优势/劣势	供应商关注项	供应商优势/劣势	匹配度	可能的合作领域

3. 战略供应商合作方案设计

了解了信息和双方诉求匹配度后，就可以设计战略供应商的合作方案，根据企业和供应商的需求，可以从几个常见维度全方位探讨各种可能性和方法，如图4.4-3所示。

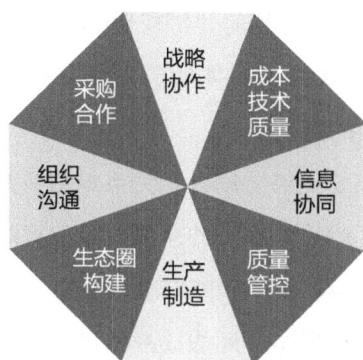

图 4.4-3　战略供应商合作的常见维度

例如：企业在采购合作上进行优质供应资源共享，探讨联合采购的可能性；技术合作上，企业可以进行联合开发、专利授权，培养供应商的技术能力；质量管控上，企业则可以培养供应商的质量管控能力，进行质量常驻指导、召开常态化的质量水平回顾会议及改善追踪管理；企业还可以通过供应商关系管理（Supplier Relationship Management，SRM）等信息系统实现信息协同，包括对绩效、订单交期、库存等信息进行信息协同和集成；可进行成立供应商协会、表彰优秀供应商、组织共建等生态圈构建；企业还可以在组织沟通上建立多层级沟通机制，与供应商展开多层级沟通，包括从一线采购人员到企业高管的不同层级的沟通等。

后文会从这几个维度详细介绍一些常用的战略供应商管理策略，大家可以参照选取适合企业实际情况的策略。

但无论采取怎样的策略，在战略供应商管理中，企业都要注意以下几个原则。

（1）谋求双赢或多赢。如果企业一味利己，双方的合作注定无法持久，比如利用企业的优质资源对供应商进行帮扶和改善，就需要企业先牺牲自己的部分利益或者支出相应成本，改变利己主义的思想，在利他之后，通过链条上的改善来实现全链条的收益，企业也可以从中受益。

（2）内外部协同。对于战略合作的组织结构形式，与供应商的战略合作绝不是采购部门与对方销售部门对接的"蝴蝶形结构",而是两个企业在多个领域全面对接的"菱形结构",如图4.4-4所示,故战略合作的方案需要在各自企业内达成共识并争取到必要的资源。

企业内部各相关部门要能够协同,让关系策略有效落地,否则,因为部门墙、对战略认知的差异、对策略理解的差异,以及战略供应商短期绩效与各部门绩效之间可能存在的差异,关系策略在落地中就可能变形或者在执行时产生偏差,增加沟通成本和合作成本,无法让战略供应商与企业的合作实现最大的效益。因此在内外协同中要注意降低接口成本和沟通成本,建立共享机制。

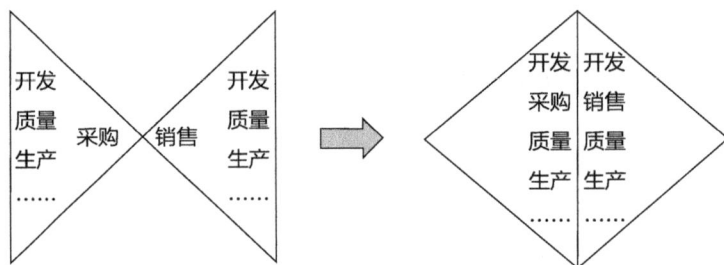

图4.4-4　战略合作的组织结构形式

（3）着眼于大局和长远的合作。与战略供应商的合作是着眼于未来的合作,因此战略供应商关系策略应该在绩效体系设计上更体现战略匹配性,不能将战略供应商和一般物品供应商放在一起比价格、比降价幅度。即使企业的竞争战略是以成本控制为导向,总成本优化也是双方高度协同、高度集成、高度精益、共同努力的结果,而不是单纯要求供应商降价的结果。因此企业与战略供应商合作时,要将战略供应商当成自己的一部分进行管理和协同,而不要将其放在对立面或者用甲方身份单纯地提要求,从"要你做"到"我们一起做"或者"我帮你做"的思想观念转变是做好战略供应商管理的前提。

4. 执行

确定方案后,就要按照计划管理的方式落实到具体的工作计划、责任人、完成时间、完成情况等执行环节,协同各方的力量和资源按照达成的共识和策略执行，并定期回顾和审视。

5. 分类优化

最后一步也是前4个环节的一个自然结果，即根据一段时间的阶段性成果，重新审视供应商并分类优化，对战略供应商发展的清单、投入的资源、方案及策略进行动态调整。

4.4.2 在不同维度与战略供应商协同的常见策略

在不同维度，企业与战略供应商协同的策略也有所不同。

1. 在战略协作维度的常见策略

（1）签署战略合作备忘录。签署战略合作备忘录一般作为双方企业确立战略合作的一个标志性事件，某种程度上说，是一种仪式感。其简要框架可以参见【战略合作备忘录框架示例】，企业可根据自身情况拟定。

相应的共识条款可从市场份额、供应保障、价格保证与结算、质量保证、售后服务、技术合作与共享、风险分担、共同绩效管理、联合成本与库存、财务透明、信息共享、互访与沟通机制、战略合作的终止、培训、其他等方面做出规定，以谋求与重要供应商加强合作，扩大影响力。

当然，在很多情况下，战略合作备忘录的形式意义比其实际意义更大。因此，如果能进一步将战略合作备忘录的内容落地执行，那最好。如若不能，这种形式也能促进双方的关系朝更好的方向发展，建议采购要多用这个策略。

【战略合作备忘录框架示例】

1. 目的与性质

签署本备忘录的目的是提高和增强双方的合作关系，在双方自愿、平等的前提下，基于双方彼此充分的信任，通过资源共享、优势互补与业务创新，在合作建设"××项目"，并有关长期战略性合作达成以下共识。

2. 双方的责任与义务

A公司的责任与义务：

B公司的责任与义务：

3. 双方推进机制

4. 保密机制

5. 有效期限

本备忘录建立在甲、乙双方在"××项目"合作的基础上，双方就长期进一步的发展达成战略共识，双方将根据此备忘录来处理相关事项，共同促进两个企业未来的长期发展。

甲方：　　　　　　　　　　　　　乙方：

甲方代表：　　　　　　　　　　　乙方代表：

日期：　　　　　　　　　　　　　日期：

（2）分享战略规划愿景。可以向战略供应商定期分享企业未来战略以及产品规划、市场规划、投资计划等，一方面向供应商展现企业战略合作的诚意，另外一方面，供应商也可以根据企业的战略及时进行自身策略的调整，有时也能够发现其他新的合作机会，并给出良好的建议。

也要定期了解供应商的战略规划和变化，根据变化，双方沟通需要进行资源调整和支持，并给出良好的建议。

（3）共同开拓新市场。双方形成战略联盟关系后可以积极寻求新的市场机会并创造新的客户需求，例如共同在海外建厂，共同开拓新领域，实现供应商属地化，扩大供应商市场范围等。

此前，笔者所在的企业在一个海外巨头公司刚进入我国市场的时候，与其建立了战略合作关系，帮助其开拓我国市场，双方一直保持着非常良好的关系，企业一直获得了很好的支持。

（4）开展资本层面的合作。资本层面的合作以前较少见到，在互联网时代逐渐多了起来，其模式一般为收购、合资合营或者投资控股。

收购的模式较为有利于成本的有效控制，当核心供应商融入企业内部时，无论是成本控制，还是协调管理，都具有更高的效率。尤其是在互联网行业，阿里巴巴、腾讯等科技公司，经常采用此类方法。根据自身的战略需求，它们直接将相关公司纳入旗下，从而拥有对方的流量和技术。阿里巴巴以电商为主，本身不产生流量，对需求的流量采取收购的模式，例如收购了优酷、微博、饿了么等。腾讯因拥有 QQ 和微信，占据了流量的大入口，为了丰富自己的生态链，整合了适合流量转化的服务公司，或占据了一些领域的头部。

未来，这种模式或许将会成为供应商管理的重要手段。不过这种收购的模式风险较大，往往涉及大额资金的流动，所以必须做好充分调研再展开行动。尤其是在收购方案的制订上，对于供应商的核心人才，应当设定相关约束条件，不可在收购结束后让核心人才选择离职，这样才能确保收购效益的最大化。

相较于收购模式，合资合营的模式对资金的需求较小，更适用于规模一般的企业。在这种模式下，企业可以直接入股供应商，增加企业对供应商的话语权。供应商可以开展其他项目，但同时又受到企业的监督，资源必须向企业倾斜，这同样可以达到成本控制的目的。

2. 在组织沟通、生态圈构建等维度的常见策略

（1）建立多层级横向、纵向沟通机制。与供应商展开多层级横向、纵向沟通，包括从一线采购人员到企业高管的不同层级的纵向沟通，也包括两家企业之间涉及协同的相关部门的横向沟通，例如研发与设计环节的纵向沟通，生产、检验、质量控制等相关环节的横向沟通等，多层级横向、纵向沟通机制可以降低沟通成本和减少沟通环节，降低接口成本。

当两家大的企业合作时，在各个层级达成共识和保持稳定的沟通非常有必要。

沟通始终是关系管理的关键词。

（2）定期开展研讨会。定期开展供应商研讨会，分享合作成果、行业动向、未来合作模式等信息，这个策略的效果同定期分享企业战略一样，不仅能加深相关团队之间的关系，也有利于发掘双方合作更多的可能性。

（3）成立供应商协会。与供应商成立正式的协会，并设定进入标准，定期深入探讨核心业务、未来合作发展方向等。

如丰田公司就有良好的供应商协会的氛围，其根据供应商的战略等级和绩效表现分成荣丰会、协丰会等，并且定期举行供应商之间的交流，让同行之间相互促进,这是个双赢的事情。

有些更为开放的互联网企业也会采取类似的做法,组织合作良好的供应商定期交流,交流过程中每个供应商会安排一些课程和培训,如此不仅不会发生很多人所担心的泄密或者围标事件,反而会促进供应商的进步,使其为企业提供更好的服务。

当然,如果企业所在的行业对供应商之间的信息比较敏感,那就要注意相关的信息安全;如果在不那么敏感的行业,在可能的情况下,要尽可能更开放。

(4)文化交流、组织共建。开展定期、不定期的组织交流,在人力等管理方面进行互动与联合培训、互派学习,在内部期刊及媒介上进行宣传推广等。

华为、美的、海尔等企业就经常和供应商组建足球队、篮球队,甚至举办联谊会等,这也是促进企业关系的一种不走寻常路的方式。

(5)表彰优秀供应商。将绩效表现好的供应商列为优先发展对象,对其进行年度表彰及物质奖励。绝大多数企业都会这样做,在绩效评估应用方式上也有列举,这里不赘述。

3. 在成本、技术、质量等维度的常见策略

(1)成本维度。可以将某些方面表现较好的供应商选为优先竞标对象,赋予其优先报价、优先定点的权利;进行采购数量倾斜,承诺较大的采购量,对质量好、产能到位的供应商予以更多的配额,鼓励供应商扩大产能。

还可以共享优势采购资源,如针对大宗商品的采购,与供应商共享采购资源或者合并采购。有些消费电子企业就是由采购集中企业和供应商的采购量后,集中与一家企业谈判,最终均使用同样的价格采买。在良好互信的合作关系下,这是一种双赢的方式。

另外,更优的方案是与供应商共享成本降低方案,比如某汽车公司自设计阶段开始,与供应商共同对零部件进行价值分析,通过早期介入降低成本;或派驻专家到供应商处辅导供应商进行工艺和流程优化等。

(2)技术维度。对于需要不断开发新技术、提升研发能力的物料的供应商,可以实施持续的管理及技术培训来培养其技术能力,促使其设立专门的研发组织，并使其制度化，提供人力及设备（闲置时）支持，并辅以相应的商务举措。如优先采用其新技术进行采购物品的采买，以不断促进技术合作和供应商技术能力的提升。

共同组建研发团队、联合开发实验室（联合市场调研）也是较好的技术合作手段；进行联合价值工程和标准化工作，进行同步开发，形成技术同盟。

（3）质量维度。以提高质量为目标，通过现场指导、课程培训、设备共享等形式向供应商提供更积极的培养和支持；技术质量常驻指导，派驻技术质量专业人员对供应商进行相关指导。

开展常态化的技术和质量交流，开展定期、不定期的技术交流课堂，通过与供应商充分分享知识及技术、质量信息，培养供应商与采购方的技术队伍，提高双方项目管理及项目参与水平。

4. 在生产制造等维度的常见策略

（1）制造流程改进。制造流程改进是最为普遍的策略，如果企业有相对较强的制造能力，可以对一些相对能力较弱的供应商提供帮扶，共同改进生产工艺流程和现场管理。

（2）支持在企业内部或者周边建厂。支持供应商在企业内部或周边建厂，以降低双方运营成本及风险。如在深圳某园区内大多数企业均为有合作关系的上下游，它们之间并没有持股或者投资关系。主要是该园区属于其中一家核心企业，这家核心企业给了其上下游企业较为优惠的商务条件，协助并吸引它们在园区里面建厂，使整个配送和组装流程尤为敏捷和快速。

5. 在信息协同等维度的常见策略

（1）信息系统对接。信息共享是实现供应链管理的基础，有效的协调运行建立在关键环节间高质量的信息传递与共享的基础上，尤其是在重要合作伙伴之间。

从前文沃尔玛和宝洁的案例中可以看到，沃尔玛除了配送中心外，投资最多的便是电子信息通信系统。沃尔玛与绝大多数合作伙伴，如宝洁、M&M、联合利华等，都利用 EDI 系统建立自动订货系统，与供应商每日交换商品销售、运输和订货信息，做到无缝衔接。信息系统对接一直是加强关系以及促进合作有效的手段之一。

（2）共同预测，高效共享。共同计划预测与库存补充是企业之间建立良好的合作伙伴关系的一个典型标志。企业与用户、供应商和服务提供商实现集成和合作，共同在预测、产品设计、生产、运输计划和竞争策略等方面设计和控制整个供应链的运作。

上游企业的预测及库存信息直接触发下游企业的补货和送货计划，这需要较大程度的信任和协作。在两个企业的信息系统对接和协作较为顺畅时，尤其是在物联网和大数据的支持下这是值得尝试的策略之一。

综合以上内容，建立战略合作关系往往不止使用单一的策略，而应全方位考量，通过多渠道建立稳固的合作关系，打造不但能同甘，也能共苦的合作伙伴。

第 5 章
供应商风险管理

    供应链系统的复杂性，决定了供应链风险来源的不确定性、易变性和高复杂度，因此，供应链风险管理对保证供应链的持续性、稳定性和竞争力的意义十分重要。

    风险管理的基本理念是"防患于未然"，以预防的理念进行风险预防和风险控制会极大地降低风险成本、风险发生的概率和等级。本章将从供应商管理的全生命周期出发，总结不同阶段需要关注的风险维度和可能发生的风险，从全视角、全维度展开，为采购供应链人提供一个完整的供应商风险识别管理体系架构。

5.1 供应商选择风险

采购时最怕选错供应商，供应商管理中坚持的一条原则就是"选择大于管理"。一旦选错供应商，对企业来说就是一场灾难。尤其是重要供应商，其转换成本高、转换周期长，一旦选择出错，就会产生灾难性的影响。因此，重视供应商的开发环节对企业有非常重要的意义。供应商开发的初始阶段是选择待开发的供应商，在选择阶段结合企业的工作目标和分析手段，主要关注两个维度的风险——客观风险和主观风险。

5.1.1 客观风险

客观风险是由信息不对称造成的。客观风险通过加强信息的收集分析和沟通交流以及提高信息共享度、透明度是可以避免和及早预防的。根据市场要素可将客观风险分为三个维度，企业应通过不同维度的分析及早地进行风险识别和防控，为策略制订提供依据。

1. 宏观环境风险

在进行宏观环境分析时，常用的工具是 PEST 分析，在分析中要注意被选择对象可能存在的政治、经济、社会文化、技术方面的风险。这些风险一旦发生造成的影响往往十分重大，企业除了付出高额的代价外甚至有可能遭受毁灭性的打击，因此这类风险的等级要列为最高等级，重点关注。

近些年来，国内环保政策进行了重要调整，在高污染、高耗能企业关停并转、产业转型升级的压力下，采购供应链人在选择供应商时就要进行全方位的环境风险水平评价。如果选择的是被列为关停并转的落后产业、落后企业，就会存在巨大的后期合作风险。

例如，西药的重要原料生产企业基本属于化工工业，高污染、高耗能。前些年的环保整治使得很多企业无法开工，开工不足直接导致市场供需关系被打破，造成西药原料价格飞涨。很多下游制剂企业由于无法承担原料价格上升带来的巨大成本压力，被迫减少品种或者停产，造成很大的市场损失，严重的直接倒闭。

2. 中观环境风险

在进行中观环境分析时，需要关注被选择对象所处行业的供求关系、行业增长状态、行业生产与库存量、供应市场结构、供应商数量与分布等。例如波特五力模型就属于常用的中观环境分析工具，通过对行业中决定竞争规模和程度的5种力量的分析，帮助企业分析自身战略和竞争环境的互动关系，同时可以用于分析供应商，分析其竞争优势和市场影响力水平。进行中观环境分析时的风险关注点主要是寻找优劣势、扬长避短，寻找与自身优势互补、合作意愿强的选择对象，降低后期的合作风险。

例如，日化行业的很多重要原辅料的供应商都是国际化工巨头，如杜邦、巴斯夫、陶氏等。这是典型的低竞争、高垄断行业，其进入门槛极高、产业链长，且产品族群广泛。产业链下游客户基本受制和依赖于上游这些巨头，客户自身的话语权相对处于弱势。近些年屡见不鲜的报道就是一旦这些化工巨头的重要装置故障、停产或者某国工厂被关闭就会造成某一原料价格飞涨、缺货，继而造成下游的供应风险。因此如果重要的原料供应商是这些化工巨头，比较明智的做法就是在研发阶段就考虑对两家供应商原料的考察和配方设计，保证有两家供应商可以提供原料，若只有一家供应商，一旦供应商出现问题，企业轻则停产，重则失去市场。如果能够早期分析和预测出存在这样的风险，通过研发阶段的早期介入可以减小这类风险对供应链稳定性和持续性的负面影响。

3. 微观环境风险

微观环境分析是使用频率最高、分析范围最广泛的分析，对采购品类的分析、对具体物料的分析、对具体供应商综合能力的分析都属于这个维度的分析。这一维度的分析关注的风险就是要真实地"知己"和"知彼"，避免由于信息失真和信息不对称、不完整造成后期供应商开发管理策略制订的偏差，继而造成供应链风险。

在"知己"维度的分析上要注意以下几个容易存在风险隐患的环节。

（1）战略分析。很多采购闷头干活，对企业战略、供应链战略一无所知。"失去航行的方向，什么风都不是顺风"，因此最大的风险就是不知战略、不知方向，瞎忙乱忙，做得越多，错得越多。"知己"的第一步就是"上知战略"。

企业要通过对战略的解读和解码，分解形成对供应商的具体需求，保证供应商开发有效承接战略，与战略方向一致。

例如，敏捷供应链和精益供应链的战略导向是不同的，基于两种战略的供应链设计、资源组合、协同方式有很大的区别，两种供应链战略在供应链设计和运营中要求的供应商特性也就不同。因此，不管是供应商选择、开发原则、评估方式、评估体系权重，还是绩效指标设计、绩效评价体系权重等都会有所侧重和区别。如果不知道企业的竞争战略，不了解供应链的竞争逻辑，明明是以技术创新为导向的供应链竞争逻辑，却以成本、价格最低为原则开发供应商并进行资源配置，可以想见会存在怎样的供应链风险。

（2）物料分析。物料分析的风险在于重点不清，眉毛胡子一把抓。重点物料和非重点物料、高风险物料和低风险物料对供应商的管理需求和策略都有很大的差别，在管理资源的分配上也有所侧重。因此"知己"的第二个方面就是要学会区分重点，通过对物料的分析进行风险等级的分类管理。

常用的物料分析工具为卡拉杰克模型，通过卡拉杰克模型和供应商感知模型的结合可以科学、合理地将物料从风险、价值、对供应商的吸引程度等方面分类，使供应现状、供应风险一目了然。

（3）需求分析。通过对战略的分解、解码，对物料的分类，企业可针对不同物料进一步厘清自己对供应商的需求。

上面的两个步骤已经帮助企业从战略层面开始层层分解到具体物料和供应现状的维度，而且企业已经清晰地知道了风险等级和风险现状，那根据需求和降低风险、预防风险的原则确定每一类物料的供应商需求就是顺理成章、有章可依、有法可循的工作步骤了。

在确定具体物料需求时，往往会将其细化为对供应商的产能、品质、服务、技术、价格等各个维度的具体需求。这里特别需要关注的是对供应商的质量需求、质量标准。不合理的质量标准有可能造成后期的供应风险和成本风险。这里的不合理往往指不合理的高标准，明明工业级可以满足需求，却一定要要求食品级，明明食品级可以满足需要却一定要要求医药级，明明化工级可以满足需要却一定要要求分析纯）（Analytical Reagent，AR，是化学试剂的一种纯度规格）、优级纯（Guaranteed Reagent，GR，化学试剂的纯度规格），这些就属于不合理的高标准。质量是企业生存的根本，所以对质量的重视是应该的，特别是企业内部质量管理部门、生产部门往往会提出非常高的质量要求，但是企业一定不会为过高的质量和过高的成本付费。企业追求的是在满足客户需求、客户定位的前提下适用的质量标准。如果一味追求不合理的高质量标准，会付出惨痛的代价，这是很多企业容易忽视的问题。过去因为质量问题吃过大亏，就矫枉过正，认为对质量怎么要求都不过分，这是很多企业容易走进的误区。在"知己"的过程中客观地判断自己需要的质量标准、质量需求可以有效地控制后期的供应风险和成本风险。

真实、客观地反映自身状态、自身需求，这是真正的"知己"。真实地认识自己是避免和降低供应商管理风险的前提。

在"知彼"维度的分析上要注意以下几个容易存在风险隐患的环节。

（1）供应商客观环境分析。其是指对供应商在行业所处的地位、竞争态势、竞争力水平、企业文化、发展前景、发展潜力等客观背景的调查和分析。进行客观环境分析可以避免在选择供应商时出现文化错位风险，如果企业在行业内处于中间水平，就不一定要找在行业内顶尖的供应商合作，否则很有可能产生文化错位的风险。一旦双方的文化错位，后面的合作也很难顺畅，会浪费开发资源和成本。

（2）供应商客观能力分析。供应商的客观能力分析包括对生产能力、技术能力、质量管控能力、交付能力、成本管控能力、服务能力、财务能力、风险控制能力等一系列能力的综合水平分析。分析供应商的客观能力可以避免供应商匹配中能力错位的风险。在"知己"环节形成的需求就是通过对供应商客观能力的分析进行初步的匹配的。

例如产能匹配，一般而言，企业的需求占供应商产能的比例有一个合理区间，对于不同行业特性、不同地域，这个区间的上下限有所不同。

例如某省的包装印刷行业，企业需求占供应商产能的比例为 10% ~ 30%，产能匹配度就比较好；低于下限，企业占比太小，供应商积极性不高，配合度有可能较低，供应商对企业的临时要求、紧急订单、加急交货、提高响应和服务的需求就不一定能满足；高于上限，企业对供应商的依赖度过高，一旦供应商出现较大的供应风险对企业的影响就会比较大。所以在产能匹配上高于或者低于合理上下限都存在一定的供应商管理风险。

再比如企业对柔性交付有很高的需求，就需要对供应商的柔性交付能力进行匹配，这时候就不能用产能数据进行粗略匹配。

A 供应商和 B 供应商总产能都是每月 500 万件。A 供应商有 2 条高速生产线，每条生产线能生产 6 个品规，每次更换品规需要 8 个小时。A 供应商目前只能生产 8 个品规，增加品规需要另外购买规格件，价格为 200 万美元，周期为半年。而且客户的年订单量如果低于 2 000 万件，就需要客户自己负担规格件的费用。B 供应商有 6 条中速生产线，每条生产线可以生产 4 个品规，每次更换品规需 1 个小时，目前可以生产 12 个品规（某些常用品规可以共线生产，有多套规格件，规格件价格为 50 万美元/套）。企业的需求是每月下旬在 5 天内要同时交货 6 ~ 10 个品规，年订单量为 2 000 万件，而且订单波动性比较大，临时变更、加单插单情况较多。

进行产能匹配，企业年订单量为 2 000 万件，供应商产能为 500 万件×12 个月 = 6 000 万件，企业需求占供应商产能的 33.3%，两个供应商匹配度都很高。

但是进一步进行柔性匹配就发现问题了：企业需要 10 个品规，A 供应商目前只能做 8 个品规，需要另外购买 2 个品规的规格件，虽然年订单量为 2 000 万件，但是分摊到 10 个品规，每个品规都达不到 A 供应商要求的规模量，另外购买的2套规格件共计400万美元就需要企业出钱采购；而B供应商现有的12套规格件完全涵盖了企业需要的10个品规，在规格件上可以完全满足企业需求，不需要企业额外出钱购买。在柔性匹配方面，显然B供应商的供应风险更小。选择A供应商会存在较高的采购成本风险（规格件采购）和供应风险（更换品规时间太长，规格件少，很难保证同时交货，加急订单、插单可能造成转产时间太长，存在效率损失风险，也会对准时交付造成影响并因此产生风险）。供应商柔性交付能力对比如表5.1-1所示。

表5.1-1 供应商柔性交付能力对比

名目	A供应商	B供应商	企业需求
月产能/年产能	500万件/6 000万件	500万件/6 000万件	2 000万件
质量和服务要求	满足	满足	—
生产线数量	2条高速生产线	6条中速生产线	—
每条生产线生产品规数量	6个	4个	—
现有总品规数	8个	12个	10个
是否需要购买规格件	是	否	—
规格件价格	200万美元/套（新购品规年订单量小于2 000万件，客户自理规格件费用）	50万美元/套（目前品规涵盖了所有客户需求）	选A供应商需要新购两套规格件，支付400万美元，半年后才能交付
规格件采购周期	6个月	1个月	—
无库存最多同时交货品规	4个	12个	6~10个

因此从柔性匹配的结果来看，B供应商更能满足客户需求，灵活性、柔性交付能力都更强，客户选择B供应商的供应风险更小。

因此企业的需求越清晰，对供应商客观能力的分析就越详细，在匹配时就越容易发现风险隐患，就越能及早控制后期合作可能出现的风险。

（3）供应商的供应链管理水平分析。供应链的节点多、复杂度高，因此风险发生的概率相对于其他简单系统也高很多。风险管理的基本原则是"防患于未然"，要做到这一点首先企业自己的视角就要前移，站在前面、站在高处，才有可能更早发现风险和预防风险。

因此，企业进行供应商管理时视角随着风险管理的视角前移也需要前移。以前的观念是管好供应商就能管好供应链，现在更多的企业发现重视对供应商的供应链能力的评估和管理是有效控制、降低供应链风险的重要手段。对供应商的供应链管理水平的分析由此提出。

核心企业的一级供应商往往不是供应链的源头和起点，一级供应商也存在对自身供应商和供应链的管理问题。而且管理节点越向前移，发现风险和预防风险的成本越低；越往后移，由牛鞭效应造成的信息失真、复杂度增加、不确定性增加等各种风险因素的叠加程度越深，风险处理成本相应增加，风险发生的概率也在增加。因此对供应商的供应链管理水平的分析是提高供应商风险管理水平的重要手段。

例如，有两家供应商同时供应同一种物料，该物料生产工艺和用途相同，都是在市场上采购原材料，经过生产工艺转化成为下游客户的原料。在新的环保政策实施后，两家供应商同时遇到了上游原料因为环保治理的高额投入而涨价的问题，而且价格是三天一涨。

第一家供应商自己扛了半个月，实在没办法了，向客户提出涨价，理由很充分，"上游涨了，所以得涨"。第二家供应商采取了完全不同的做法。第二家供应商经过系统的市场分析和行业分析，认为上游企业存在发展前景，而且竞争度低，如果帮助其渡过难关，其后期会有很好的市场前景。

因此，在投资上游关键供应商后，该供应商帮助上游的关键供应商进行环保治理，投资先进的治理设施，并且进行工艺改造，其上游供应商因此一举成为业内非常先进、环保治理非常彻底、产能非常高的原料供应商。其他上游供应商在观望中失去了机会，而且环保排放屡次不达标，一再被关停。

这家供应商投资的上游原料供应商在市场上一枝独秀，占据了70%左右的市场份额，而在改造前只占40%左右的市场份额。这家供应商准确地抓住机会，成为供应链竞争的优胜者，对下游客户的涨价幅度远远低于第一家供应商，在这次事件中成为赢家，获得了更多的订单份额。同时其对上游的投资入股也产生了良好的回报和收益。第二家供应商的供应链管理水平帮助自己转风险为机会，同时也为客户创造了价值。

从这个案例中可以看出，供应商的供应链管理水平和风险应对能力对整个供应链和下游客户有不同影响。供应链管理能力弱的供应商，市场一有风吹草动就马上把压力转移给客户，有时将这种转移称为"无压力传导"。这种做法看起来合理，但从第二家供应商的做法可以看出，供应链管理水平高的供应商，能够以更广的视角、更高的敏锐度去布局和管理自己的供应链，增加自己的竞争优势，也帮助客户更好地应对市场风险。

以上是选择供应商中需要注意的客观风险，概括如表5.1-2所示。

表5.1-2 供应商选择不同层次的客观环境风险

分析层次	分析内容	分析工具	关注风险
宏观维度 商业环境	产业生命周期、产业政策及发展方向、工资水平及增长速度、税收政策与税率、关税政策与进出口限制、政治环境等	PEST分析 SWOT分析模型 产业生命周期	政策风险、战略规划风险、税务风险等
中观维度 行业和市场	供求关系、行业增长状态、行业生产与库存量、供应市场结构、供应商数量与分布等	波特五力模型 市场竞争结构分析	垄断风险、竞争风险、行业风险等
微观维度 物料、需求、供应商、供应过程	供应商的客观环境（企业文化、发展前景、发展潜力等）、客观能力（财务状态、质量体系、产品开发能力、生产能力、交货周期及准时率、服务质量、成本结构与价格水平）、供应链管理水平	市场调查 市场测试 供应调查 采购调查	文化匹配风险、战略承接风险、能力匹配风险、需求匹配风险等

5.1.2 主观风险

一般可以通过加强信息的收集、分析、分享和沟通交流有效地避免和及早预防客观风险。但另一类风险却难于发现和预防，它就是主观风险，如道德风险、业务操作风险等。

因为主体的故意隐瞒和回避，主观风险具有更大的危害性和难以预防性，但也并非完全不能预防和防范。随着数字化时代的到来、大数据的综合应用，尤其是轨迹管理、交易数据分析等手段的应用，不管是企业还是个人的信用体系正在被重新构建和定义，信息的公开透明程度在不断提高，失信成本和代价也在不断提高，主观风险将逐渐可识别、可预防。在供应商选择、开发中必然存在资信调查和合法性审查，企业也可以利用一些信息化工具去了解待开发供应商是否具有主观风险，规避可能存在的风险隐患。

1. 供应商资信风险

供应商资信风险，包括供应商资质、经营范围以及其他经营异常信息等风险。首先需要确认供应商的资质是否处于合法和有效状态，其次结合相关的材料对其进行信用评价和风险分析。一份供应商资信报告可以从以下维度解读。

（1）主体和状态风险。企业信用信息公示报告中显示的企业名称与供应商提供的信息需完全一致。

注意，很多企业存在更改名称的情况，为此企业信用信息公示报告变更信息栏中会出现更名的时间点和变更前后的名称。变更名称之前与供应商签订的合同在变更名称之后仍然合法有效，但是在变更名称之后再用变更之前的名称签署合同可能引发主体无效的风险。供应商工商登记状态也很关键，一般正常的显示为"存续"，异常的则根据不同情况可能显示为"吊销""注销"等，遇到异常情况需要警惕其主体资格可能存在不合法的风险。

合作供应商的主体如果为"某某公司分公司"，则注意与之合作时就需要其提供特别授权文件，因为分公司不能独立承担民事责任，连缔约都需要获得总公司的授权，因此采购实践中建议尽量回避选择分公司作为供应商。如果一定要选择分公司，务必要其单独提供总公司的全套认证资料和获得总公司给分公司的授权文件，以避免因主体资格不够而出现风险。

（2）营业超范围风险。供应商营业执照中的经营范围信息是企业需要特别关注和留意的地方，尽管目前企业的经营范围有所放开，但还是存在很多要求特别资质的，如餐饮、医疗、建筑、烟草等行业。

如果企业选择的潜在供应商并没有经营资质或其经营内容超出了营业范围，虽然法律上没有严格规定一律无效，但对后续合同的履行以及法律责任的追究会带来一系列的风险。一般来说可以通过营业执照范围和本次交易的标的来整体判断供应商的合法性和有效性。

如甲公司向乙公司采购一批电子元器件，乙公司的营业执照范围显示"经营范围为计算机软硬件技术开发与销售，电子元器件、家用电器、五金、建材的设计、开发与销售及其他国内贸易（法律、行政法规、国务院决定规定在登记前须经批准的项目除外）等"。通过上述信息就可以判断销售产品与经营范围是否相符。

（3）经营异常风险。需要关注供应商的资信报告中是否出现经营异常信息、行政处罚、税务违法、环保处罚等。

常见的经营异常信息记录为"通过登记的住所或者经营场所无法联系的"。显示此类信息一般是企业更换了营业地址但是未及时办理营业执照变更登记，造成营业地址与注册登记地址不符，此种情况下就需要与供应商核实具体的情况。

行政处罚一般是因为在经营过程中出现违法违规行为，市场监管部门可能采取警告、罚款、吊销营业执照等处罚措施。税务违法，就需要特别留意企业之前是否有涉嫌偷逃税款的行为而被税务机关警告、罚款的情况。环保处罚，对于存在污染的企业需要单独关注，特别是新修订的环保法对企业处罚取消上限金额，企业违法成本极为高昂，同时一旦遭遇环保处罚还可能面临停工、停产等影响交付的风险。

（4）法律诉讼风险。对法律诉讼风险信息主要关注供应商是否有未完结的开庭公告、法院公告、裁判文书、被执行人信息、失信信息、限制高消费、股权冻结等内容。

需要注意的是，并非所有的开庭公告和裁判文书都为负面信息，需要根据具体的案情分别看待，如果供应商作为原告起诉对方侵犯知识产权，并且获得胜诉，这种情况应该评价为中性或者积极。但是如果供应商因为拖欠货款、拖欠员工工资被起诉，这类案件就需要关注，供应商的信用就可能存在较大风险，就需要结合其他信息综合判断是否需要引入或者进一步评估。

如发现某供应商已经进入失信被执行人名单，说明这类供应商已经出现拒不履行法院判决的行为，风险极高，需要谨慎选择或者不推荐引入。

（5）财务风险。供应商财务风险可以通过财务报告体现，采购人员可以从中获取以下关键信息作为决策和风险评估的依据。

①营业收入。获取近三年的营业收入信息可以掌握供应商的发展和业务增长情况。如供应商营业收入连续出现稳定的正向增长，则可以在一定程度上看好供应商实力。此外可考查合作金额占供应商营业收入的比例，如果占比较低可能面临供应商后期重视程度不够等问题，占比过高又可能风险过大，需要维持合适的范围。

②营业利润。该指标作为反映供应商是否赚钱的指标，可以结合行业利润分析，同时平均利润率可以作为供应商提供的报价成本合理性的分析依据。如供应商报价明显低于或者过分高于平均利润率计算得出的金额就需要特别关注和留意风险。

③应收账款金额。从该指标可以看出供应商在特定时期有多少销售收入未回款。而应收账款周转天数可用于评估供应商的账期合理性，在其应收账款周转天数范围内设置合理的供应商付款账期不失为一种好的方法。此外应收票据可用于分析供应商收款中汇票的占比情况。结合这些信息可以分析供应商的应收账款风险，同时评估给予企业的条件是否最优。

④现金余额。现金流常常被称作企业的"血液"，现金余额的多少往往可以用于评估企业是否存在资金短缺的风险，若供应商现金短缺又缺乏融资能力则可能面临经营风险。

2. 选择人员主观偏好风险

供应商选择主观风险中还存在进行选择的人员的主观偏好风险。这类风险一般和选择人员过往的工作经历、经验、关系有着密不可分的联系。

常见的供应商选择人员主观偏好风险如研发或者技术型岗位参与选择或推荐时，其过往工作过的厂商、熟悉的人员等可能让其主观上更加认可从而强力推荐，而容易忽略比较与其他供应商之间的差异。研发和技术带入供应商是很多企业普遍存在的情况，在研发环节往往需要供应商配合提供试样、样品、测试，经过筛选验证后逐渐放大进入正式产品，研发环节对供应商的需求和量产环节对供应商的需求往往有不同的侧重点，满足研发需求的供应商不一定能满足量产环节的产能、品质、服务需求，很多研发带入供应商在后期合作中会出现供应问题、品质问题，造成供应风险。

另外，采购人员也不可避免地会推荐跟自己关系好的供应商，对于这类情况主要在于预防选择人员的道德风险。为了避免或减少因人员主观偏好影响供应商选择，最好的方式是在企业内部建立规范的供应商选择、开发、评价体系，通过文件和规范来预防主观风险，尽量做到客观评估。

主观风险分析关注点如表 5.1-3 所示。

表 5.1-3　主观风险分析关注点

评价维度	关注风险点	分析内容
供应商资信维度	主体和状态风险	工商登记资料、企业信用信息公示报告，主体和状态合法与有效
	营业超范围风险	营业执照经营范围与实际业务相符
	经营异常风险	资信报告中是否出现经营异常信息、行政处罚、税务违法、环保处罚、质检处罚记录等
	法律诉讼风险	负面的法律诉讼、未完结的开庭公告、法院公告、裁判文书、被执行人信息、失信信息、限制高消费、股权冻结等内容
	财务风险	营业收入、营业利润、应收账款金额、现金余额等
选择人员主观偏好维度	供应商实际能力匹配风险；道德风险	选择人员工作经历、经验、认知水平等不同带来的风险。主观上的偏好可能导致供应商选择失衡引发道德风险

5.2　供应商开发过程风险

确定了待开发供应商后，就进入了正式的开发环节。

供应商开发需要消耗企业资源，涉及资源分配和平衡，因此，企业更应该重视并且将有限的资源用在刀刃上，让供应商开发工作真正能为供应链战略服务，真正能够帮助企业供应链保持连续性、竞争力。

开发供应商不是由单一部门、单一岗位完成的工作。常见的开发供应商的环节需要采购、质量、生产、设计、SQE 等部门或人员共同参与，通过评审小组分工协作从不同的维度评审，在评审组织中根据企业供应链战略导向，明确各环节权重，建立规范的评审标准和评审流程，以求客观、公正地评选出合适的合作伙伴，找到与企业需求匹配的优势资源，最大限度地降低日后的合作风险。

同时供应商开发环节也会涉及对供应商实际能力的评审和评价，存在大量的与供应商之间沟通、调查、了解、求证的工作，因此供应商开发环节的风险分为两个方面：内部风险和外部风险。

5.2.1 内部风险

供应商管理是涉及研发、技术、采购、生产、服务等一系列职能的综合管理体系，企业与供应商合作越紧密，供应商与企业的集成度就越高，涉及的协同部门就越多，企业对供应商的合作需求和要求也就越高，因而在供应商开发中涉及的评审环节和维度也就越全面。企业组织内部有部门墙是普遍存在的现象，如果不能有效打破部门墙、有效协同沟通就会造成供应商开发的一系列风险。

内部风险主要是指企业内部在确定供应商开发计划、组建评估小组、确定评估原则与标准、实施评估的过程中组织内部的协同、沟通不畅可能造成的风险。

供应商开发是一个涉及多部门、多岗位协同的工作，从开发计划的制订到评审原则与评审标准的制订、评审小组的组成、评审实施的全过程是一个跨部门、跨岗位职能分工协作的过程，因此如果不能有效沟通、协同，就会造成一系列的风险。

1. 战略匹配性风险

供应商开发要上接战略、下接绩效，在评审原则的确定和评审标准建立的过程中要有效体现战略需求和导向。

例如企业供应链战略以成本为导向，那么在评审标准中成本因素占比就较高，而质量、服务、开发能力等因素的评估权重就会相对较低；如果供应链战略是质量为先，那在评审标准中质量因素的权重就会较高，供应商的质量体系、质量标准、质量稳定性等就会作为评审重点，其他的成本、服务、技术研发等因素的权重就会较低。因此评审标准要有效承接和体现企业的供应链战略对供应商的需求和要求。

既然要有效承接战略，对战略的解读就需要相关部门达成一致，部门墙的存在会造成采购部门只关心成本，质量部门只关注质量，生产部门只关注生产，每个人都觉得自己更重要。如果不能形成对战略的统一认识和同一个解码系统下一致的战略分解就会形成不同的战略理解，在确定评审标准、评估权重的沟通中就很难做到对战略的准确分解和承接，那就会存在战略匹配性风险，评审原则、评审标准、标准权重、评审方法就会发生错位，造成开发的供应商不是战略需要的供应商，也会增加合作成本和风险成本。

2. 计划性风险

供应商开发需要计划性管理，合理的开发计划既能够避免和降低供应风险，还能有效结合供应商管理要求达成绩效目标，也能够合理、有效地分配企业资源。计划的制订和实施同样是部门间协同的结果，如果相关部门不能对开发计划达成一致意见并且调动组织资源保证计划实施，就会造成计划的混乱和进度无法保障的问题。

物料出现供应风险却迟迟没有解决方案，开发进度严重滞后、开发进度影响新品上市，或者开发了一堆现在供应稳定、没有问题的物料备用供应商，出现问题的物料却没有备用供应商可用，以上都有可能是计划制订和实施在部门协同和沟通上出现了问题。

3. 专业性风险

专业部门之间不能有效协同，在评估小组组建时未合理分工、专业分工，或者没有把合适的人组合到评审小组中，在评审时不可避免地会由于不能发现问题、专业度不足而使评审结果失真，更严重的就是评审走过场，根本没有发挥专业分工协作的作用，使评审失误和失真；也有可能在样品打样、小批量试制的过程中由于专业度不够，没有及时发现并控制供应商存在的质量风险、技术风险等。这些都会使后期合作产生巨大的供应风险、质量风险和成本风险等。

5.2.2 外部风险

外部风险是指在供应商开发过程中，存在的由外部供应商带来的风险。其中包括具有竞争关系的供应商之间，为争夺合作机会而导致的潜在稳定合作风险；供应商内部意见与支持的不统一带来的持续合作支撑风险；供应商为了争取合作机会，对上游供货能力未做合理的评估，进而导致的全面供货能力风险等。

相较于内部风险的组织保障性和流程的可控性，外部风险的解决则更多依赖于对供应商信息的全面搜集，对合作意愿的真实评估，以及对供货能力的科学调研。只有严格识别内部风险、全面考量外部风险，才能更好地预防供应商开发过程中的风险。

1. 供应商之间竞争关系带来的风险

业务类型相似或者具有包含关系的企业之间可能存在竞争关系。一般情况下，合作意愿强的供应商为了赢得合作机会，会从成本、质量、交货期以及战略层面给予积极的支持，为企业赢得优势资源。这是供应商竞争关系带来的积极一面。

但也存在消极影响的一面，当这种竞争关系演变成只追求短期合作和短期利益时，就会对企业的决策和后期稳定合作带来风险。供应商为了眼前的合作机会，可能压低进入价格，从而打败竞争对手，而企业也未对后续的持续合作进行价格或质量的锁定，导致后续重复采购时，供应商借机抬升价格，或者压低质量标准。这种不良的竞争为企业的决策及后续的稳定合作和成本管控都会带来一定的影响。

因此对供应商之间的竞争关系，企业需要进行有效的识别和全面的信息搜集，杜绝不良竞争给稳定合作带来的风险。

甲公司因产品需要进行环境试验，每年都有环境试验设备的采购需求。在过去很长一段时间，A公司作为环境试验设备生产商，与甲公司建立了稳定的合作关系。甲公司的环境试验设备大部分都来自A公司，以保持设备的统一性和便于后期的保养维护以及生产备品备件。在一次设备异常故障原因认定上A公司与甲公司出现分歧，甲公司认为A公司有利用自身优势地位降低配合度之嫌，遂要求采购部门开发一个新的环境试验设备厂商。

经过多维度的评估，采购部门发现B公司满足甲公司的需求，其产品质量与A公司相当，交货期更短，并且报价低于A公司近20%。B公司通过了供应商引入评审，向甲公司提供了第一批环境试验设备，甲公司评价后认定其各项指标满足要求。正当采购部门为自己开发了一家质优价廉供应商而自豪时，新的一批采购计划下达，在签订合同期间，B公司突然提出价格低于成本无法长期维持供应，需要提价。采购人员恍然大悟，B公司的目的是通过低价进入的方式先获得供应资格，因为甲公司的环境试验设备多年稳定由A公司一家提供，通过该方式可最大限度地争取合作机会，而不给现有的A公司机会。可见在供应商开发过程中关注供应商竞争关系风险的重要性。

2. 供应商合作意愿风险

供应商开发过程中需要识别其合作意愿的程度，并要结合实际的情况来判断其是否可能使合作产生风险。对于供应商合作意愿程度的评价可以辅以供应商感知模型等评价工具。采购人员在实际开发供应商的过程中，供应商的销售人员可能因为自身因素，如业绩压力、新客户数量等希望与之合作。这种情况下，如果只进行主观判断，虽然销售人员合作意愿强烈，但是供应商内部高层评价企业吸引力低、合作意愿一般，上下层的合作意愿不统一，而企业也未进一步做全面、真实的评估，贸然引入可能会给后期采购合作带来如交付和其他配合度不足的风险。

3. 供应商供应能力风险

供应商的供应能力是供应商开发过程中需要关注的风险点。一方面要评价供应商本身是否具备采购品的持续稳定供应能力，这在前面的章节中有较多的分析和论述；另一方面需要关注其上游供应商和合作方的持续稳定供应能力，特别是在供应商存在委托加工、外协加工工序的情况下就更需要关注关联方的风险，进行综合评估。

以高端工控类计算机板卡的液冷散热组件为例，因为其结构组件内部加注了冷却液进行循环，其散热效率比一般的风冷效果更好。其加工工序涉及金属材料机加工、焊接、表面处理、测试、清洗等。这类产品除了设计工序外，焊接往往是关键工序，不同的焊接工艺和能力质量有较大的区别，而这一环节控制不好往往可能在后期使用过程中出现冷却液泄漏导致整张板卡烧毁的风险。在这类供应商开发过程中很难找到一家拥有完整工序的供应商，一般的供应商拥有设计和机加工能力，而对于关键的焊接、表面处理则需要进行委外加工，这种情况除了关注液冷散热组件供应商本身的持续供应能力外，还需要评估其上游供应商、受委托方的质量以及持续稳定供应情况。与此类物料供应商合作中的风险更容易暴露在外协加工环节，因此关注供应商供应能力风险非常有必要。

供应商开发过程风险如表5.2-1所示。

表5.2-1　供应商开发过程风险

评价维度	风险名称	分析内容	关注风险点
内部风险	战略匹配性风险	供应商评估体系是否有效承接战略需求	使用与战略导向不一致的开发评估体系不能选择出对的供应商，存在后期合作风险
	计划性风险	开发计划的合理性	不合理的开发计划可能导致资源的不匹配性，造成供应风险
	专业性风险	评估团队的分工和对应领域专业技能	避免供应商开发评估形同虚设、不专业可能带来的后期合作成本方面的风险

评价维度	风险名称	分析内容	关注风险点
外部风险	供应商之间竞争关系带来的风险	供应商竞争关系、各自的优势和劣势	警惕供应商采用短期的低利润、快速响应方式等干扰和误导开发过程
	供应商合作意愿风险	供应商内部的合作意愿强弱,可以通过供应商感知模型等工具评价	关注与供应商的合作是基于资源的匹配与合作,而非仅仅基于业务人员的合作意愿
	供应商供应能力风险	供应商的持续稳定供应能力,保障后期货物的长期稳定、高效供应	关注供应商工序、业务委外部分的把控能力、话语权,以及其技术实力与供应链管理能力

5.3 供应商合同风险

合同作为与供应商合作的重要组成部分,可明确合作双方责权利,具有法律效力,因此合作双方都会比较重视合同的拟定和签订。合同主要是为了规范和防控对外的法律风险,但是合同的拟定、签署、管理不当往往也会存在风险隐患。重视合同风险管理可以有效规避合作双方的合作风险,提高双方履约的严格性,有效保证双方合法权益。

5.3.1 合同拟定过程中的风险

在采购活动中,常有人问合同应该由法务部门拟定还是由业务部门拟定。商业合同是为了实现特定的商业目的,采购合同作为商业合同的一部分,买方为了获得产品或服务,卖方为了销售产品和获得利润。因此,一份规范的合同要能实现商业目的、满足交易需求。笔者认为由业务部门拟定合同更为合适,法务部门可以根据业务部门拟定的合同进行规范性审查。对此采购人员需要掌握必备的合同拟定技能,并在此过程中提前识别和预防法律风险。

1. 合同文本选择风险

在拟定合同前首先要确定选择使用的文本，是选择己方的合同文本还是供应商的合同文本。大部分的采购职业人士认为使用采购方的合同文本更加合理，也更为有利。对该类问题要根据供应商的具体情况来确定。通常来说，采购方选择己方的合同文本能在一定程度上保护自己的利益，同时也可减少对合同的重复审核进而提高效率。然而对于强势供应商，其未必会接受采购方的合同文本，在供应商感知模型中，企业的业务价值和吸引力水平对供应商都属于较低的水平时，采购方属于典型的盘剥类客户。在这种情况下，采购方能做到及时将需求的物料买回以保证供应就已经很不容易了，至于在选择使用哪方的合同文本方面似乎没有有力的话语权。

选择使用己方的合同文本时，需要当心掉入格式条款的陷阱。根据法律的规定，格式条款的定义是当事人为了重复使用而预先拟定，并在订立合同时未与对方协商的条款。对格式条款的理解发生争议的，应当按照通常理解予以解释。对格式条款有两种以上解释的，应当做出不利于提供格式条款一方的解释。因此采购方在选择使用己方的合同文本时，在最大限度维护己方利益的同时，也要警惕因利益失衡而导致的格式条款重新解释的风险。

2. 合同文本内容风险

（1）标的描述准确。采购合同中的标的是供需双方权利义务共同指向的对象，缺少标的的合同不能成立。

因此合同中标的的名称、规格性能、参数等的描述需要尽可能规范和完善。采购合同中常见的标的有货物、服务、技术、劳务等。需要注意的是，如果标的属于法律、行政法规中禁止或限制转让的，如国家文物、烟草等，还需要满足相关的专门法律规定。标的描述信息需要详细和准确，不少采购职业人士反馈经常发生需求部门的请购信息不完整，买回来的物品和实际需求不一致等问题，对采购工作造成极大困扰。

（2）与标的相关的要素详尽。如果说标的名称、规格性能、参数是对标的内容的界定，那计量单位、价格、发票、质量与验收标准等就是对标的内容进一步的约束和完善。这类要素也需要在合同内容里尽可能详尽地呈现。

计量单位要符合标的通常的计量方法，如线缆的计量单位可用米、米/卷等；同时也要准确和符合行业标准，避免采用容易引起歧义的计量单位，如将布料的计量单位定义为280克，而没有做进一步的限定，如果引起纠纷将会按照行业标准定义为280克/平方米，可能与实际情况不符。

价格、发票的约定方面需要明确是否含税、具体的税点和发票形式。

质量与验收标准可以是国家标准、行业标准、封存样品或者双方约定的其他特殊标准。合同中要明确检验标准，如具体的国家或行业标准编号；要明确检验方法，如采取目检、超声扫描检查等具体的约定；此外，要明确质量异议提出方式，对自身不具备质量检验条件的，双方可约定由共同认可的第三方权威检验机构检验等。在这种情况下可以最大限度地保障买卖双方的合法权益。

3. 合同条款法律风险

（1）鉴于和释义条款法律风险。忽略合同中的鉴于条款可能带来法律风险，鉴于条款的目的是说明双方签订合同的初衷或想达到的目的，或签订该合同所依据的事实状态。

简单地理解，鉴于条款反映合同的签订背景信息。鉴于条款可以用于发生合同争议时让司法人员快速理解和识别合同目的，从而作为辅助证据，减少起诉方的举证责任。

常见的鉴于条款，以设备采购合同为例："鉴于甲方生产产品需要专用设备，乙方愿意向甲方提供设备，双方本着平等互惠的原则，通过友好协商，按照下述条款签署本合同。双方均已清楚了解合同每一条款，确认本合同不存在倾向于任何一方的格式条款。"

合同拟定中释义条款的使用一是可以避免重复啰唆，替代合同中频繁出现的长词语，以便于表述。比如对公司名称简写需要在合同文本中进行释义：某某有限责任公司简写为某某公司。二是避免合同相对方对意思的理解不一致，出现歧义，从而在发生合同争议时出现多种解释。

（2）违约责任法律风险。需要注意的是违约责任具有补偿性质。因此在设置采购合同中的违约责任时需要考虑设置合理的金额或者计算方法。

在实践中相对强势一方的合同文本往往倾向于将对方的违约责任约定得较高，但有可能实际损失并没有达到合同约定中的金额。根据合同的公平性原则，可以请求人民法院或仲裁机构予以减少赔偿额。反过来，约定的违约金不足以覆盖实际损失的，可以请求人民法院或仲裁机构予以增加赔偿额。合同中违约责任的约定以填补守约方所遭受的实际损失为原则。实际损失是指守约方因为违约方的违约行为而已经遭受的损失，将来可能遭受的损失即预期利益不包括在内。

以电子技术行业的 PCBA（Printed Circuit Board Assembly，印刷电路板组件）举例，在所有的电子元器件完成表面贴装技术（Surface Mounted Technology，SMT）流程之后发现印制电路板（Printed Circuit Board，PCB）基板存在缺陷，导致整个 PCBA 可能报废。PCB 上面可能已经焊接了成百上千颗电子元器件，这个时候发现 PCB 基板存在缺陷可能导致电子元器件无法进行拆机使用。此时，采购方可以约定，要求供应商承担重新生产 PCB 的费用，同时还需承担板上电子元器件的成本损失，但一般不适宜扩大要求供应商承担整机合格销售的将来预期利益损失。在实践中约定的违约金超过造成损失的百分之三十的一般可以认定"过分高于造成的损失"。因此在诉讼或者仲裁中，违约金高于损失百分之三十的部分可能不予支持。

（3）争议解决方式约定不清风险。实践中经常出现以下约定："甲乙双方约定出现合同纠纷协商解决，协商不一致的通过人民法院诉讼或者仲裁解决。"那么这样的约定是否正确呢？

根据相关法律法规，合同文本中约定争议解决方式时，仲裁和诉讼仅能择其一。要么在合同中约定通过诉讼解决；要么在合同中约定通过仲裁解决，约定仲裁的需要明确具体仲裁机构。因此，在设置采购合同争议条款时需要明确选择哪一种解决方式，避免仲裁条款约定不明或者约定有误。以下约定可能导致仲裁条款无效。

"如出现纠纷，双方可申请仲裁予以解决。"该约定没有明确具体的仲裁机构，这样的约定属于无效约定。

（4）涉外采购法律选择风险。如果涉及国际采购，国际通行的争议解决方式是国际仲裁，比较关键的点就是需要在合同文本中明确选择什么仲裁机构和具体分支机构，如中国国际经济贸易仲裁委员会华南分会，这样的约定即锁定了仲裁地点为深圳。

国际采购可能涉及多种合同文本，如中文和英文两个版本，为避免因中文和英文条款意思不一致而出现争议，需要在合同中明确发生理解不一致的情况时以何种版本为准。

国际采购合同还涉及不同国家的法律适用问题，如中国的企业采购美国的产品，那么就需要在合同文本中明确争议解决适用于哪国法律，如一个国家多个州有不同法律的还需要明确到具体州的法律。推荐大家在不了解其他国家法律的情况下优先选择适用中华人民共和国的法律。

合同拟定过程中关注的风险如表5.3-1所示。

表5.3-1 合同拟定过程中关注的风险

评价维度	分析内容	关注风险点
合同文本选择风险	选择己方还是供应商合同文本，从审核效率和利益保护方面考虑，一般优选己方合同文本	采用己方合同文本时，需要警惕格式条款内容，避免产生纠纷时做出不利于己方的解释
合同文本内容风险	标的描述需准确，符合合同签订的目的和法律法规；与标的相关的约束性要素要详尽和规范，避免产生多重理解	标的描述不清导致需求不能有效满足，或者与标的相关的计量单位、发票、检验等要素不规范，导致重复沟通或者其他损失
合同条款法律风险	鉴于和释义条款、违约责任、争议解决方式、涉外采购法律选择等内容，为合同的签订、履行和争议解决提供了背景支撑和依据	合同缺少释义而导致双方理解不一致，违约赔偿约定不合理导致无法有效追偿，或者仲裁条款约定不规范导致争议解决条款无效等风险

5.3.2 合同签署过程中的风险

一般的采购人员认为只要盖了章，合同就生效了，能有什么问题呢？实际上这一环节操作不慎可能给企业带来较大的法律风险。

1. 合同打印和手写文本混用风险

采购合同中不要出现既有打印文本又有手写文本的情况。实践中有些公司为了重复使用文本将合同中的公司名称、人名等信息预留空位采用手写或者不写的方式。这种情况实际上非常不规范,最典型的问题就是手写字体可能潦草而无法清晰识别。实践中还存在合同盖章不清晰,时间一长可能模糊,造成无法识别合同主体的情况。因此规范的做法是合同文本中除了签署页其他部分都不要出现手写文本。

合同签署栏需要与其他正文部分保持一定的间距,规范的做法是单独制成签署页,签署页需要包含签约主体名称、签字栏、签署日期、盖章栏等。

2. 合同盖章先后风险

在不同区域签署的采购合同,签署的时间和地点如何明确?

采购合同一般是从完成签署开始生效的,因此如果是在不同区域的甲乙双方签署采购合同,以最后签署方所在地为合同签订地,合同成立的时间也以最后签署的日期为准。

对于特别提示邮寄签署的合同,一方已经将签署并盖章好的文本通过邮寄方式发给相对方,这样的操作存在一定的法律风险,因为如果后签署方在签署前对部分内容或条款进行改动,然后签署,合同可能仍然有效,但是会影响先签署方的权利、义务。实践中需要警惕这样的风险,针对金额较大的合同要么要求对方先进行签署,要么当面进行签署。

如果确实需要先签署的合同务必注意风险防范,比如可以在邮寄时将合同文本扫描一份,并向合同中确定的对方的电子邮箱发送一份,在邮件中写明"合同我方已经完成签署,详见附件"。这样做的目的是将之作为证据保留,一旦对方在合同中进行了改动,可以通过这份证据材料证明对方做的更改未经过我方的同意,不具备法律效力。

规范的盖章需要印章内容完整清晰,还需要注意盖章的位置,对于多页的合同务必盖骑缝章,确保每一页都有盖到骑缝章,以防止中途被撤换、替代的情况发生。此外合同页数比较多的,建议在每页的页脚部分插入页码和总页码,在页眉标识合同的名称，便于管理和识别。

3. 合同签订人员无授权风险

选择供应商时需要确认供应商的代表是否已经取得了主体单位的授权，避免出现无权或者超越代理权限的情况。如果谈判代表无权代理但企业与之签订了合同，而事后供应商不予追认，则可能导致合同的目的落空。但需要注意的是，如果供应商的谈判和签约代表为其公司法定代表人，直接取得了法定授权，一般不需要额外的授权委托书。

企业在取得对方的授权委托书后，建议要求被委托人同时提供一份身份证复印件，用于与身份证原件和授权文书比对；同时需要结合授权委托书的内容范围与被委托人进行相关商务活动事项的谈判和处理。

合同签署过程中关注的风险如表5.3-2所示。

表5.3-2　合同签署过程中关注的风险

评价维度	分析内容	关注风险点
合同打印和手写文本混用风险	采购合同中不要出现既有打印文本，又有手写文本的情况，签署栏需要与其他正文部分保持一定的间距	为重复使用而使合同部分内容为空，或者手写字体潦草无法识别，盖章不清等风险
合同盖章先后风险	合同成立的时间，是以最后签署的日期为准，且印章内容需要清晰和完整	最后盖章的一方对合同内容进行改动，且未通知先盖章一方的风险
合同签订人员无授权风险	参与签约的主体需取得公司的授权，且需要在授权范围内行使权利	参与签约或谈判的主体未取得公司授权或者超越权限，导致合同目的落空的风险

5.4　供应商合作过程风险

供应商与企业签订合作协议、供货合同、框架合同等一系列明确双方责权利的具有法律效力的合作证明书后就进入正式的合作阶段。一旦进入正式合作阶段，供应商就成为企业供应链的组成部分，供应链的运营质量、成本、效率就与供应商的合作情况密切相关。

在 VUCA 时代，变化的频率、程度都是呈倍数级、指数级增长的，外部环境、客户需求、竞争对手、合作伙伴，包括企业自身都处在快速的变化迭代中，多变量、多风险因子的客观存在，供应链风险的多发性、多变性成为常态。因此在合作过程中企业也要与供应商一起关注和预防可能存在的风险，做到信息共享、透明，用协同的方式降低风险等级和发生频率，保持供应链的稳定性、持续性。从供应链运营指标和运营质量的角度可将与供应商合作过程中的风险分为四类。

5.4.1 供应风险

保持供应的稳定、持续是供应链的首要职责，也是企业对供应商合作的基本要求。供应链的运营效率、成本、竞争力都是建立在供应链保持连续性、稳定性基础上的。供应风险对企业的影响很大，一旦物料出现断供和大规模延迟情况会对企业的生产经营产生巨大的影响和风险。从采购角度衡量供应风险可以用"四率"综合衡量——物料齐套率、交付准时率、质量稳定率和产能匹配率。

结合对"四率"的关注和降低供应风险的目的，与供应商合作过程中的供应风险管理主要关注三点。

1. 通过供应商能力调查与评估预防风险

在供应商的选择开发阶段，通过对供应商真实情况和能力的调查、了解、评估避免和预防风险。例如产能匹配情况，品种匹配情况，物流组织和管理能力，柔性交付能力，主要客户发展前景、竞争情况等，还有供应商的合作意愿和改善能力，质量体系和质量保障能力，对各种能力的综合分析和评估将有助于预防后期合作过程中的供应风险。

2. 通过重要和高风险物料的供应商组合分散风险

要做好重要物料和高风险物料的供应商组合和订单分配工作，合理分散风险。很多企业规定关键物料不能独家供应，对关键物料的供应商进行合理的订单分配，通过绩效管理动态调整和管理订单比例，这样不仅能够分散风险，还能保证供应稳定性、保持适度的竞争，以不断促进供应商改善和提高。

3. 完善沟通机制，做到信息对称，早发现，早预防

要健全和完善日常的沟通机制，做到信息对称，公开透明。这样可以及早发现风险隐患，预防风险扩散。供应商的情况也是在动态变化中的，政策法规变化、上游物料变化、竞争对手变化、主要客户变化、股东股权变更、投资变化等都有可能导致供应商出现供应问题，造成企业的供应风险，所以对供应商情况的追踪和管理也要常态化，形成信息更新和透明机制，做到动态跟踪，早发现，早预防。

供应风险的预防措施如表 5.4-1 所示。

表 5.4-1 供应风险的预防措施

预防措施	主要内容	关注点
供应商能力调查与评估	产能、物流组织和管理能力、柔性交付能力、质量体系与质量保障能力评估	各项能力是否匹配对应的采购物料
重要和高风险物料供应商组合	分析、识别重要和高风险物料	关注独家供应的风险，通过供应商组合降低采购风险
保证信息沟通机制有效运行	健全、完善和有效运行上下游信息沟通机制	发现风险隐患，预防风险扩散

5.4.2 成本风险

成本风险是供应链风险中影响供应链总成本，继而影响供应链运营质量、竞争力的一类风险。在供应商合作中也要重点关注成本风险，但是这里要强调的是，成本风险管理不是将成本风险转移给供应商，而是要通过与供应商的合作与协同共同降低成本风险，共同受益，这是成本风险管理的原则。

由于采购成本占企业运营成本的比重高，所以企业会将成本风险更多的关注点放在供应商端，但是从供应链总成本的角度和影响成本的因素分析，通过不断压低供应商成本并不能长期持续性有效管控采购成本，因此管理成本风险时要避免通过将成本风险转移给供应商而降低自身的成本风险。

在与供应商合作中有效地降低成本风险的措施如下。

1. 通过合同锁定定价规则降低成本风险

通过合同有效约束定价规则，可以有效避免供应商任意涨价带来的成本风险。

虽然企业不能要求供应商完全不能涨价，但是以下措施是可以在实际应用中帮助企业有效控制成本风险的。

（1）约定合同周期内不涨价。

（2）约定合同周期内订单规模达到多少不涨价。

（3）协商奖励性条款，如合同周期内订单规模达到多少可优惠多少、返利多少。

（4）当前订单规模较小，价格较高，可以约定阶梯价格，当规模上到新的台阶时可享受价格优惠。

（5）对于上游物料价格波动较大的物料采购合同，在定价时可以关联上游物料市场参考价。关联的上游物料市场参考价必须源自公开可查询且具有一定知名度和公信力的信息网站、专业网站或者行业网站的数据。如果是期货品种，也可以约定以该期货某一周期平均成交价作为共同的参考标准。

例如某塑料容器的上游物料是石油化工产品PP，属于大宗物料。企业和供应商约定，当关键上游物料PP的价格在基准价基础上上下波动的幅度为10%以内时不调整当前物料定价；上涨或降价超过该基准价的10%并且持续一个月，才能启动价格调整机制，按上游物料价格波动幅度重新计算当前物料的价格。对于关键的重要物料可用价格模型计算波动后的定价。

这样做对双方都有好处，也比较容易达成一致，虽然上游物料价格上涨会带来涨价，但是上游物料价格下跌也可以启动降价机制，保持供应商的利润在合理水平，实现风险共担。在具体实践中，这样的价格调整机制很实用而且受到供应商的欢迎。

2. 提高供应商的协同度，通过"共生共荣"降低成本风险

在前面的供应商管理和绩效管理中对此有很多分析并提供了很多策略，帮助供应商改善、优化，降低成本风险的成功案例非常多。在供应链竞争中，随着专业分工协作的发展，更多的核心企业的一级供应商承担了核心企业非核心业务外包的职责，对该职责业务范围从设计、采购到生产全过程承接和管理，因此核心企业的成本管理和风险控制也转移到一级供应商。核心企业通过帮助供应商持续改善优化，通过与重要供应商"共生共荣"共同降低成本风险、提升竞争力，就成为供应商管理的重要手段和与供应商合作的重要方式。

3. 供应商早期介入，从源头降低成本风险

产品成本的70%左右是在研发设计环节决定的，很多产品量产后的供应风险、成本风险大多是在研发设计环节就埋下了"先天不足"的种子，因此可以说成本风险的源头是研发设计。

但是不能要求研发设计人员懂市场、懂采购、懂供应。很多企业的主要供应商是本行业的专家，具有很强的技术能力和研发创新能力，同时对本行业市场和供应的敏锐度很高。如果能够推动这类供应商参与研发设计环节，早期介入，充分利用供应商的专业度降低研发环节的复杂度，保证后期量产的质量稳定性、供应稳定性和成本可控性，就可以极大地降低后期可能存在的供应风险和成本风险，同时提升竞争力。

成本风险的预防措施如表5.4-2所示。

表5.4-2 成本风险的预防措施

预防措施	主要内容	关注点
通过合同锁定定价规则	在合同中约定固定价格、涨价降价触发条件以及比例、锁定优惠和折扣等	利用价格不稳定或者波动较大的原材料分担风险
协同"共生共荣"理念	建立长期稳定、互信的协调关系，避免因追求短期利益而损害彼此的长期合作	协调和帮助降低供应商成本风险
供应商早期介入	供应商前期参与研发设计，预防在研发设计阶段的成本风险。同时形成与供应商的资源优势互补关系	研发设计与供应商的加工生产工艺和能力匹配

5.4.3 库存风险

评判供应链管理效能的一个关键指标就是库存。

· 217 ·

拉夏贝尔是国内的女装企业，近年来负面消息不断，2019年第三季度净利润甚至跌至 -88 644.9 万元，同比下降了 478.96% 。在对供应链的分析中，从存货数据这一指标，我们就可以看出，拉夏贝尔的供应链管理已经无法有效支撑其企业竞争战略。

2014 年到 2018 年，拉夏贝尔的存货从 13.27 亿元上升至 25.34 亿元，2019年第一季度末，拉夏贝尔的存货达到 21.93 亿元，占流动资产的比例升至 50%。由此可见拉夏贝尔的巨大库存风险，而如此庞大的库存占用的现金流，又进一步影响了供应链的运营效率和质量。

库存风险是指供应链库存不合理造成的流动资金占用及库存物料损耗、减值、过期、作废等风险，供应链稳定性、持续性因此无法得到有效保障。这里的库存是指广义库存，而不仅指企业自身库存，供应链上各个环节的库存管理风险都会体现在供应链运营效率、成本、质量上，影响供应链的竞争力。

核心企业的原料库存、中间产品库存、在制品库存、成品库存、在途库存、VMI 模式下和 JIT 模式下的供应商管理库存，这些都只是狭义的库存，是站在企业自身角度看库存，但企业要系统地降低库存风险，就需要站在供应链角度看库存，不是转移库存给供应商就叫作降低库存风险。

供应商合作中的库存风险管理措施如下。

1. 联合预测、联合管理，信息透明、共享

库存通常是为了应对需求的不确定性和信息延迟而产生的，因此，有效的供应链管理，能够通过削弱需求不确定性和减少信息延迟来做好各节点的库存管理。为此，企业必须增强供应链内信息传递共享的透明度，与供应商一起联合预测、联合管理，做到信息透明和及时共享，尽量减少信息交互和传递节点，从而减少牛鞭效应。一般而言，JIT、VMI 做得好的企业可以减少综合库存和周转环节，减少流转节点，从而可以减少牛鞭效应，有效降低库存风险。

例如，很多印刷包装属于标识物，包装上面的印刷信息按版本号管理，一旦信息发生变更、版本号更替，原来的包装就不能继续使用。例如说明书信息修订、企业名称地址变更、成分组成变更、注册备案信息变更等，都会导致印刷包装的库存报废。快消品行业尤其如此，每年的改版次数少则几十次，多则上百次，不管是供应商库里还是企业包装材料库里，都有不少库存因此而报废。针对此类库存风险，企业完全可以通过信息共享和联合预测来降低风险，双方共享库存信息和包装设计变更进度信息，及早预防，合理计划，将每次版本变更可能导致的库存风险降到最低甚至消除。

2. 风险对冲和风险分散

针对大宗期货商品，不管是供应商备货还是企业备货，只要存在较长的备货周期和消耗周期，存在市场波动风险，都可以采用风险对冲的方法降低库存风险。套期保值、期货对冲都是常用的风险对冲手段，可以有效降低库存风险。例如针对大型建筑项目常用的钢材，就可以采用风险对冲方式降低库存风险。

针对价值较高的库存物料，企业还可以采用购买保险的方式分散风险，减少意外风险可能产生的影响。

3. 管理前移，从管理上游库存开始防范供应链库存风险

风险管理的原则是预防为主，因此将风险管控点前移，从源头预防和控制风险，就可以最大限度地降低风险。同样，供应链库存风险是广义的供应链库存的系统风险，因此其风险管控点也要前移，通过降低上游的库存风险防范供应链的库存风险。

库存风险的预防措施如表 5.4-3 所示。

表 5.4-3 库存风险的预防措施

预防措施	主要内容	关注点
联合预测、联合管理	与供应商联合预测，一起管理，做到信息透明及及时共享，尽量减少信息交互和传递节点，以此减少牛鞭效应	JIT、VMI 等工具和方法的有效运用
风险对冲和风险分散	对大宗期货商品，通过风险对冲的方法降低库存风险	运用套期保值、期货对冲等金融方法
管理前移	从源头预防和控制风险可以最大限度地降低风险	将风险管控点前移，降低上游库存风险以降低整体风险

5.4.4 其他风险

供应商合作过程中除了供应风险、成本风险、库存风险外，还存在双方履行合同过程中产生的货物交付转移风险、国际汇率波动风险，以及违约与争议解决等过程中的风险。

1. 合同风险负担规则

采购的物料在中途因为运输问题损坏或者灭失时，应该如何分担风险？

（1）国际货物采购合同风险负担规则。国际货物采购适用国际商会制订的国际贸易术语解释通则。

国际贸易术语是在国际贸易中逐渐形成的，表明在不同交货条件下，买卖双方在交易中的费用、责任及风险划分的以英文缩写表示的专门用语。国际贸易术语解释通则分为《2000 年国际贸易术语解释通则》（*INCOTERMS 2000*）和《2010 年国际贸易术语解释通则》（*INCOTERMS 2010*），两个版本都现行有效。两个版本的部分术语分类、范围、风险转移有部分不同，因此在与海外供应商的合同文本中需要明确。

与 *INCOTERMS 2000* 仅适用于国际贸易不同，*INCOTERMS 2010* 同时适用于国际和国内贸易。因此对国内货物采购合同，合同风险负担规则可以参照 *INCOTERMS 2010* 进行约定。

（2）国内货物采购合同风险负担规则。国内货物采购合同风险负担规则除了根据 *INCOTERMS 2010* 进行约定外，也可以选择在合同文本上确认。采购方与供应商之间没有约定货物毁损、灭失的风险的，交付之前由供应商承担，交付之后则由采购方承担。也就是我们理解的交货时转移风险。

如需要进行长途物流运输，运输过程中的风险由哪方承担呢？如果与供应商的合同文本中没有进行运输风险约定，供应商将货物交给物流或者快递公司后，风险就转移给采购方，也就意味着运输途中的风险需要由采购方承担。因此采购方与供应商在签订合同时，需要明确风险的划分以及运输风险的承担规则。

（3）推迟合同交货期风险负担规则。因采购方致使货物不能按照约定的期限交付的，采购方应当自违反约定之日起承担货物毁损、灭失的风险。但供应商仍然应该尽到妥善保管的义务，否则也需要承担相应的责任。因此采购方给供应商下达订单时需要关注计划交付日期信息的准确性，如计划出现调整，建议与供应商书面沟通更改交付日期，避免货物还在第三方而风险可能已经转移到我方的情况出现。

2. 汇率波动风险

在涉外采购中，与供应商的结算常常选用美元、欧元、日元等外币进行交易，在此类采购活动过程中需要特别防范汇率波动的风险。汇率的波动会直接带来付款结算金额的变化，也可能会带来成本的上涨。因此在具体的采购活动中需要根据具体的采购货物分类，区别对待。

以2019年美元兑人民币汇率来看，汇率最低时1美元兑换6.667 4元人民币，而汇率最高时1美元则可以兑换7.186 3元人民币，全年波动幅度超过7.78%。例如，甲公司在2019年3月22日向海外的乙公司订购一批半导体元器件，合同金额为10万美元，交货日期为2019年8月6日，约定的付款方式为交货30天付款。乙公司按期交付了货物，甲公司按照约定需要在2019年9月4日向乙公司支付10万美元货款。根据汇率测算需要对应支付的人民币如表5.4-4所示。

表5.4-4　不同付款节点汇兑损益对比

付款日期	2019年3月22日	2019年8月6日	2019年9月4日
付款时点	预付款订货	交货当天付款	交货30天付款
汇率（美元兑人民币）	6.667 4	7.012 2	7.186 3
需要支付的人民币金额（元）	666 740	701 220	718 630

交货30天付款要比交货当天付款多支出17 410元人民币，相当于成本上涨2.48%。如与预付款订货对比则多支出51 890元人民币，相当于成本上涨7.78%。但实际上供应商乙公司在3种条件下收到的货款都是10万美元。因此涉及进口货物的采购人士需要养成每天关注汇率变化的习惯，在合适的时机进

行订货和付款操作可以为公司减少汇兑损益风险。

3. 违约与争议解决

采购合同履行过程中发生了违约，应当如何处理？供应商常见的违约行为包括未按照合同约定的日期交付、交付的货物质量不符合要求等。采购方常见的违约行为包括未按照合同约定的付款方式和期限支付货款、逾期不提货等情况。本着长期合作的态度，以及从争议解决的效率和成本上来看，友好协商是最优的选择，同时也能维护企业的声誉。

发生合同违约时常见的争议解决类型有四种，分别是和解、调解、仲裁、诉讼，其具体对比如表5.4-5所示。

表5.4-5　不同争议解决类型对比

争议解决类型	争议救济类型	解决争议方式
和解	私力救济	当事人之间就争议问题进行协商，达成协议而解决争议
调解	社会救济	当事人在第三方主持下达成协议而解决争议
仲裁	社会救济	当事人将争议提交仲裁机构进行裁决而解决争议
诉讼	公力救济	当事人将争议提交人民法院进行判决而解决争议

双方发生争议后选择何种解决方式，需要结合具体的争议和双方之间的意愿而定，相比而言和解是较为有利的、能维护各方之间友好合作关系的选择，并且成本最低。仲裁和诉讼的法律权威性更高。

在选择通过仲裁或者诉讼解决争议时，需要关注诉讼时效。诉讼时效是法律层面的概念，《中华人民共和国民法典》规定，向人民法院请求保护民事权利的诉讼时效期间为三年。

通过仲裁或者诉讼解决争议时，企业还需要考虑成本支出。其中律师费往往是比较大的支出，一般的财产性案件，如合同纠纷采取固定收费方式或者按照标的额设置风险代理收费标准。不同律师的收费标准有所不同，就行业较高水平的收费来看，以100万元以内的财产性争议计算，律师费用支出可能达到案件争议标的额的10%~30%。

合同签订主要遵循当事人意思自治原则，因此如果双方当事人在合同条款中明确了争议解决成本负担规则，那么在出现争议后就可以要求违约方除承担合同一般损失外，负担包括律师费在内的维护合法权益的合理费用支出。

对此，可以在合同条款中增加类似于这样的语句表述："违约方除承担合同造成的直接损失、违约金外，还需要承担包括但不限于解决争议产生的诉讼费或仲裁费、财产保全费、保全保险费、鉴定费、公证费、律师费等合理费用支出。"通过加入这样的文本，为采购合同增加保险，这样即使出现纠纷也不用担心因为维权费用过高而不愿意诉诸法律进行解决的情况，从而可以通过法律途径转移争议解决成本。

总结而言，供应商合作过程中的其他风险如表5.4-6所示。

表5.4-6 供应商合作过程中的其他风险

项目	主要内容	关注点
合同风险负担规则	国际货物采购合同风险负担规则可以选择适用 *INCOTERMS2010* 和 *INCOTERMS2000*，国内货物采购合同风险负担规则可以选择适用 *INCOTERMS2010*	不同国际贸易术语解释通则对应的风险负担规则不同
汇率波动风险	国际汇率波动影响采购成本，国际货物采购需要特别关注汇率走势	结合汇率走势和宏观环境趋势分析，降低汇率波动风险
违约与争议解决	解决方式有和解、调解、仲裁、诉讼。诉讼有三年的诉讼时效。违约与争议解决成本测算	将违约成本负担规则提前纳入合同文本，转移后期风险发生的维权成本

从供应商开发到合作过程的风险识别维度和角度来看，全方位识别风险和隐患是风险管理的源头。只有在识别出潜在风险后，企业才可以运用成熟的风险管理工具进行风险等级划分和风险发生频率定位，再制订相应的预防和防控策略，从而有效避免风险发生或降低风险发生等级和频率，进而降低风险管理成本，并降低供应链总成本。

供应商风险管理是供应链风险管理的重要组成部分，VUCA时代的复杂性、不确定性等特性，使得风险事件频发成为常态。因此，企业也要将风险管理意识贯穿供应商管理全周期、全过程，以预防为主的原则系统性地看待供应商风险管理，降低供应风险，有效保证供应链的持续性、稳定性，并且通过差异化的供应商管理帮助企业构建优势，有效承接企业战略。这也是采购供应链人的职责和使命。